100일 완성

초간단
수능 영단어
3000

수능예상
기출문제
수록

동인랑

이 책의 활용 방법

100일만에 수능에 필요한 단어들을
쉽게 외울 수 있는 **초간단 영단어**

빠르고 쉽게 수능에 필요한 단어만을 골라 외우는
획기적인 수능영단어 공통어미 암기법

① 공통어미로 외우는
초간단 수능영단어

영어의 기본단어는 **약 98%가 자음 + 공통
어미로 구성**되었다. (접두어 제외)
오랫동안 영어단어의 체계를 연구해 온 저
자는 이 점을 토대로, **어미가 같은 단어끼
리 모아서** 수능에 꼭 필요한 단어들을 정리
했다.

그리고 이 단어들을 원어민의 발음을 듣고
따라하면서 알파벳이 아닌 **원어민의 발음을
통해 단어를 쉽게 외울 수 있도록** 하였다.

공통어미 〈ap〉으로 끝나는 단어	gap [gæp]	n. 차이, 격차, 갈라진 틈
	lap [læp]	n. 무릎, 보살핌, 책임 v. 핥다
	nap [næp]	n. 낮잠 v. 잠깐 눈을 붙이다
	rap [ræp]	v. ~을 똑똑 두드리다. 비난하다
	tap [tæp]	v. 가볍게 두드리다

② 하나의 단어가 여러 가지 뜻으로
사용되는 수능영단어

하나의 단어도 동사냐 명사냐에 따라 뜻이
달라질 수 있듯이, **단어에 따라 유의어·동
의어·반의어 등** 시험에 꼭 필요한 의미들
도 간단하게 함께 수록하여 군더더기 없이
불필요한 것들은 빼고 시험에 나오는 단어
들만 외우는 데 드는 시간을 절약할 수 있다.

stamp [stæmp]	n. 우표, 도장 v. 짓밟다	ex) collect stamps 우표를 수집하다
swamp [swɔmp]	n. 늪, 습지	grassland초원지 woodland 삼림지
mass [mæs]	n. 덩어리,무리,집단 a. 대중의	ex) a mass of iron 쇳덩이
amass [əmǽs]	v. ~을 모으다, 축적하다, 집결하다	accumulate 축적하다
grass [græs]	n. 풀, 목초, 잔디, 풀밭	grassland 초원지
pass [pæs]	v. 지나가다, 합격하다	passage 통행, 통과 passenger 승객

③ 수능예상 기출문제

수능에 나왔던 기출문제들을 분석해서 그날
그날 중요한 단어를 예상문제로 확인하면서
실제 시험에 어떻게 나오는지 살펴볼 수 있
도록 하였다.

기출문제

She wrapped a large scarf around her and hesitated for a moment.
그녀는 옆에 있는 큰 스카프를 두르고는 잠시 동안 머뭇거렸다.

④ 실력을 올리는 연습문제

마지막으로 외웠던 단어들을 다시 한 번 복
습하고 실력을 쌓을 수 있도록 **연습문제를
실어 학습한 것을 재확인**하도록 하였다.

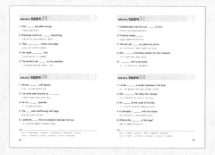

CONTENTS

CONTENTS

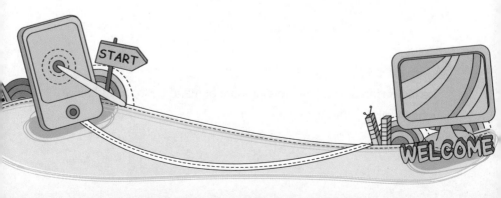

01

암기 후 영어쪽을 가리고 우리말을 영어로 연상해 보자.

**공통어미
⟨and⟩로
끝나는 단어**

brand [brænd]	n. 품질, 등급, 상표	trademark 상표
grand [grænd]	a. 웅대한, 중대한, 호화로운	grandeur 웅대(장엄)함
stand [stænd]	v. 서다, 세우다, 참다	standpoint 관점, 견해 endure 참다
understand [ʌndərstǽnd]	v. 이해하다, 알다	comprehend 이해하다
withstand [wiðstǽnd]	v. 저항하다, 거역하다	resist 저항하다
outstanding [autstǽndiŋ]	a. 뛰어난, 현저한	eminent 뛰어난

*mand = order (명하다)

demand [dimǽnd]	n. 요구, 청, 수요 v. 요구하다	require 요구하다
command [kəmǽnd]	v. 명하다, 명령하다	commander 지휘관
expand [ikspǽnd]	v. 확장하다, 팽창하다	expanse 팽창 expansion 팽창, 확장
hand [hænd]	n. 손 v. 건네주다, 넘겨주다	
firsthand [fɔ́:rsthǽnd]	a. 직접적인 ad. 직접적으로	
secondhand [sékəndhǽnd]	a. 간접적인 ad. 간접적으로	
shorthand [ʃɔ́:rthǽnd]	n. 속기 v. 속기하다	

기출문제

The increased population brought more demand for food, and more money went into farming.

인구의 증가로 식량에 대한 수요가 더 커졌고, 경작에 더 많은 돈이 들어갔다.

errand [érənd]	*n.* 심부름, 볼일	task 일, 과업, 과제
crab [kræb]	*n.* 게, 까다로운 사람 *a.* 야생의	crab-apple 야생의 능금
grab [græb]	*v.* 잡아채다, 가로채다	snatch 잡아채다
stab [stæb]	*v.* 찌르다, 해치다	stick 찌르다
skylab [skáilæb]	*n.* 우주실험실	lab = laboratory(실험실)
jag [dʒæg]	*v.* 들쭉날쭉하게 만들다	jagged 들쑥날쑥한
rag [ræg]	*n.* 넝마, 누더기	ragged 남루한
tag [tæg]	*n.* 꼬리표 *v.* 꼬리표를 달다	label 꼬리표
wag [wæg]	*v.* 상하(좌우)로 흔들다	shake 흔들다
brag [bræg]	*n.* 자랑 *v.* 자랑하다	boast 자랑하다
drag [dræg]	*v.* 질질 끌다, 끌리다, 끌고 가다	ex) drag one's feet 발을 끌며 걷다
hang [hæŋ]	*v.* 걸다, 매달리다, 교살하다, 머뭇거리다	delay 머뭇거리다
pang [pæŋ]	*n.* (마음의)고통, 고민	pain 고통
slang [slæŋ]	*n.* 속어 *v.* 속어를 쓰다	dialect 속어

공통어미
⟨ab⟩으로
끝나는 단어

공통어미
⟨ag⟩로
끝나는 단어

공통어미
⟨ang⟩으로
끝나는 단어

기출문제

Americans use a lot of slang and idioms.
미국인들은 많은 속어와 숙어를 사용한다.

9

암기 후 영어쪽을 가리고 우리말을 영어로 연상해 보자.

공통어미 ⟨atch⟩로 끝나는 단어	hatch [hætʃ]	*v.* 알을 까다, 부화하다, 음모를 꾸미다	Incubate 품다, 배양하다
	match [mætʃ]	*n.* 성냥, 시합, 호적수	rival 호적수
	patch [pætʃ]	*n.* (해진곳에 대는) 헝겊 *v.* 헝겊을 대다	repair 수선하다
	snatch [snætʃ]	*v.* 잡아채다, 낚아채다	seize 움켜잡다
	scratch [skrætʃ]	*v.* 긁다, 할퀴다	scrape 긁다
	dispatch [dispætʃ]	*v.* 급송하다, 파견하다	despatch 파견하다
공통어미 ⟨ash⟩로 끝나는 단어	ash [æʃ]	*n.* 재, 회분, 유적, 흔적	an ash tray 재털이
	dash [dæʃ]	*n.* 돌진 *v.* 돌진하다, 때려부수다	smash 때려 부수다
	rash [ræʃ]	*a.* 성급한, 무모한	hasty 성급한
	sash [sæʃ]	*n.* 장식 띠	ex) a silk sash 비단띠
	clash [klæʃ]	*n.* 충돌 *v.* 충돌하다	collide 충돌하다
	splash [splæʃ]	*n.* 튀기기 *v.* 튀겨서 더럽히다	ex) splash water 물을 튀기다
	smash [smæʃ]	*v.* 박살내다, 파산하다	destroy 파산하다
	crash [kræʃ]	*v.* 부서지다, 깨지다, 충돌하다 *n.* 추락	ex) a plain crash 비행기 추락

기출문제

All items have been dispatched to you today.
모든 품목들이 오늘 당신에게 발송되었다.

공통어미 〈all〉로 끝나는 단어	mall [mɔːl]	*n.* 쇼핑센터	shopping center 쇼핑센터
	stall [stɔːl]	*n.* 매점, 마구간 *v.* 오도가도 못하게 하다	hesitate 주저하다
	install [instɔ́ːl]	*v.* 설치하다, 배치하다	installation 장치, 시설
	recall [rikɔ́ːl]	*v.* ~을 상기시키다, 생각나게 하다	remind 생각나게하다
	befall [bifɔ́ːl]	*v.* ~이 일어나다, 닥치다	happen 일어나다
	appall [əpɔ́ːl]	*v.* 소름끼치게 하다, 섬뜩하게 하다	dismay 놀라게하다
공통어미 〈am〉으로 끝나는 단어	jam [dʒæm]	*v.* ~을 밀어 넣다 *n.* 혼잡	ex) traffic jam 교통 혼잡
	slam [slæm]	*v.* (문을) 쾅 닫다, 찰싹 때리다	ex) slam the door 문을 쾅 닫다
	cram [kræm]	*v.* 억지로 밀어넣다, 벼락치기 공부하다	
	*gram	문서, 도해	
	hologram [hóləgræm]	*n.* 레이저 사진	
	diagram [dáiəgræm]	*n.* 그림, 도표	
	telegram [téligræm]	*n.* 전보, 전신	ex) send a telegram 전보치다
	program [próugræm]	*n.* 계획	plan 계획

기출문제

This program is about current affairs.
이 프로그램의 내용은 시사에 관한 것이다.

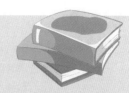

암기 후 영어쪽을 가리고 우리말을 영어로 연상해 보자.

공통어미 〈ack〉로 끝나는 단어	lack [læk]	*n.* 결핍, 부족 *v.* 부족하다	want 부족하다
	pack [pæk]	*n.* 꾸러미, 짐 *v.* 포장하다	package 짐
	crack [kræk]	*v.* 갈라지다, 날카로운 소리를 내다	ex) a cracked rock 금이 간 바위
	track [træk]	*n.* 궤도, 선로, 자취 *v.* 추적하다	pursue 추적하다
	stack [stæk]	*n.* 건초더미, 퇴적 *v.* 쌓아 올리다	accumulate 축적하다
	quack [kwæk]	*n.* 꽥꽥 우는 소리, 돌팔이 의사	simulation 가장, 흉내
	attack [ətæk]	*v.* 공격하다, 습격하다	ex) a terrorist attack 테러 공격
공통어미 〈ank〉로 끝나는 단어	bank [bæŋk]	*n.* 은행, 둑, 제방	banker 은행가 bankbook 은행 통장
	rank [ræŋk]	*n.* (사회의)계급, 계층, 신분, 지위	grade 계급
	blank [blæŋk]	*a.* 공백의, 백지의	vacant 비어있는
	spank [spæŋk]	*v.* ~의 볼기짝을 찰싹 때리다	
	frank [fræŋk]	*a.* 솔직한, 명백한	frankly 솔직히
	embank [imbæŋk]	*v.* ~을 둑으로 둘러싸다	embankment 제방, 둑

기출문제

The leopard began to attack dogs and cattle in the village.

표범은 마을에 있는 개들과 소들을 공격하기 시작했다.

공통어미 <an>으로 끝나는 단어

ban [bæn]	*n.* 금지령, (여론의) 반대 *v.* 금지하다	prohibit 금지하다
tan [tæn]	*v.* 피부를 햇볕에 태우다	tanning 햇볕에 탐
clan [klæn]	*n.* 씨족, 일가	영 a large family group
plan [plæn]	*n.* 계획(앞으로 하려는 일)	
scan [skæn]	*v.* 대충 읽다, 정밀검사하다	investigate 조사하다
span [spæn]	*n.* 한 뼘, 짧은 간격 *v.* 뻗다	stretch 뻗다
swan [swɔn]	*n.* 백조, 완전무결한 사람	
urban [ɔ́ːrbən]	*a.* 도시의, 도시에 사는	ex) urban area 도시지역
organ [ɔ́ːrgən]	*n.* 오르간, (생물의) 기관, 기관지	organize 조직하다 organization 조직
slogan [slóugən]	*n.* 슬로건, 표어, 선전 문구	ex) a campaign slogan 캠페인 표어
orphan [ɔ́ːrfən]	*n.* 고아, 어미와 떨어진 어린 동물	orphanage 고아원
human [hjúːmən]	*a.* 사람의, 인간의, 인간다운	humanism 인도주의 humanist 인도주의자
nobleman [nóublmən]	*n.* 귀족	noble 고상한
freshman [fréʃmən]	*n.* (대학 등의) 신입생	fresh 신선한
wingspan [wíŋspæn]	*n.* 날개 길이, 날개 폭	wing 날개

Any contact between humans and rare plants can be disastrous for the plants.

인간과 희귀식물들 사이의 어떠한 접촉도 식물들에게는 재앙적일 수 있다.

암기 후 영어쪽을 가리고 우리말을 영어로 연상해 보자.

공통어미
⟨ap⟩으로
끝나는 단어

gap [gæp]	*n.* 차이, 격차, 갈라진 틈	ex) the generation gap 세대 차이
lap [læp]	*n.* 무릎, 보살핌, 책임 *v.* 핥다	lick 핥다
nap [næp]	*n.* 낮잠 *v.* 잠깐 눈을 붙이다	slumber 선잠
rap [ræp]	*v.* ~을 똑똑 두드리다, 비난하다	knock 두드리다
tap [tæp]	*v.* 가볍게 두드리다	pat 가볍게 두드리다
clap [klæp]	*v.* 손뼉을 치다, 박수치다	ex) cheer and clap 환호하며 박수치다
flap [flæp]	*v.* 펄럭거리다	
slap [slæp]	*n.* 찰싹치기, 비난 *v.* 찰싹 치다	ex) slap face 얼굴을 손바닥으로 때리다
snap [snæp]	*v.* 탁탁 소리나다, 뚝 부러지다	
trap [træp]	*n.* 올가미, 함정 *v.* 덫을 놓다	ex) a mouse trap 쥐덫
strap [stræp]	*n.* 가죽끈, 혁대, 어깨끈, 견장	belt 혁대
scrap [skræp]	*n.* 조각, 부스러기 *v.* 폐기하다	fragment 조각
wrap [ræp] w=묵음	*v.* 싸다, 덮다	protect 보호하다
handicap [hændikæp]	*n.* 불리한 조건, 장애, 어려움	hindrance 장애물

기출문제

She wrapped a large scarf around her and hesitated for a moment.
그녀는 옆에 있는 큰 스카프를 두르고는 잠시 동안 머뭇거렸다.

14

	kidnap [kídnæp]	*v.* 유괴하다, 납치하다	abduct 유괴하다
공통어미 ⟨amp⟩로 끝나는 단어	**damp** [dæmp]	*a.* 축축한, 습기찬	ex) damp air 습한 공기
	ramp [ræmp]	*n.* 진입로, (교차로등의) 경사로	
	tramp [træmp]	*n.* 방랑자, 뜨내기 *v.* 쿵쿵 걷다	wanderer 방랑자
	stamp [stæmp]	*n.* 우표, 도장 *v.* 짓밟다	ex) collect stamps 우표를 수집하다
	swamp [swɔmp]	*n.* 늪, 습지	grassland초원지 woodland 산림지
공통어미 ⟨ass⟩로 끝나는 단어	**mass** [mæs]	*n.* 덩어리,무리,집단 *a.* 대중의	ex) a mass of iron 쇳덩이
	amass [əmǽs]	*v.* ~을 모으다, 축적하다, 집결하다	accumulate 축적하다
	grass [græs]	*n.* 풀, 목초, 잔디, 풀밭	grassland 초원지
	pass [pæs]	*v.* 지나가다, 합격하다	passage 통행, 통과 passenger 승객
	compass [kʌ́mpəs]	*n.* 나침반, 컴퍼스 *v.* 둘러싸다	surround 둘러싸다

	surpass [sərpǽs]	*v.* 능가하다, 넘다, 넘어서다	surpassing 빼어난
	trespass [tréspəs]	*n.* 침입, 침해 *v.* 침입하다	trespasser 불법침입자
	overpass [óuvərpæs]	*n.* 고가도로 *v.* 넘어서다	

기출문제

The 19th century is the era of mass production.

19세기는 대량 생산의 시대이다.

15

암기 후 영어쪽을 가리고 우리말을 영어로 연상해 보자.

공통어미 〈at〉로 끝나는 단어	mat [mæt]	*n.* 돗자리, 깔개, 발 닦개, 매트	mattress 침대요
	pat [pæt]	*v.* 가볍게 두드리다, 똑똑 두드리다	touch lightly
	chat [ʧæt]	*v.* 한가롭게 이야기 하다, 담소하다	chatty 수다스러운
	flat [flæt]	*a.* 수평의, 길게 누운 *ad.* 평평하게	level 평평한
	diplomat [dípləmæt]	*n.* 외교관	diplomacy 외교 diplomatic 외교의, 외교적인
	habitat [hǽbitæt]	*n.* 서식지, 주거지	habitation 거주, 주거 inhabitant 거주자
공통어미 〈crat〉로 끝나는 단어	democrat [déməkræt]	*n.* 민주주의자	democracy 민주주의 democratic 민주주의의
	aristocrat [ǽrəstəkræt]	*n.* 귀족, 귀족주의자	aristocracy 귀족정치 aristocratic 귀족의
	autocrat [ɔ́ːtəkræt]	*n.* 독재자	autocracy 독재정치 autocratic 전제의
공통어미 〈act〉로 끝나는 단어	act [ǽkt]	*v.* 행동하다, 활동하다	active 활동적인 activity 활동
	exact [igzǽkt]	*a.* 정확한, 정밀한	exactly 정확하게 exactness 정확함
	interact [intərǽkt]	*v.* 상호작용하다	interaction 상호작용
	react [riǽkt]	*v.* 반작용하다, 서로 작용하다	reaction 반작용
	counteract [kàuntərǽkt]	*v.* 반작용하다	counteraction 중화작용, 반작용

기출문제

They must make a greater effort to interact with native English speakers.

그들은 모국어 영어 구사자들과 보다 많은 상호 교류를 하기 위해 노력을 기울여야 한다.

transact [trænsǽkt]	v. 처리하다, 거래하다	transaction 거래, 처리
fact [fækt]	n. 사실, 진상	factual 실제의
tact [tækt]	n. 재치, 솜씨, 요령	tactful 재치있는

* pact = 조이다

compact [kəmpǽkt]	a. 밀집한, 소형인, 빽빽하게 찬	ex) a compact car 소형차
impact [ímpækt]	n. 충격, 충돌, 영향	ex) the economic impact 경제적 영향

* tact = touch(접촉)

contact [kántækt]	n. 접촉, 교제 v. ~와 연락하다	touching 접촉
intact [intǽkt]	a. 손대지 않은, 온전한	perfect 온전한

* tract = draw(끌다)

contract [kántrækt]	n. 협정, 계약 v. 계약하다, 축소하다	contraction 축소, 수축
attract [ətrǽkt]	v. 유인하다, 유혹하다, 주의를 끌다	attraction 끌어당김 attractive 매혹하는
subtract [səbtrǽkt]	v. 공제하다, 뺄셈을 하다	decrease 감소하다 subtraction 빼기
detract [ditrǽkt]	v. (가치 등을) 떨어뜨리다	add 더하다
extract [ikstrǽkt]	v. 발췌하다, 뽑아내다, 추론하다	extraction 추출
distract [distrǽkt]	v. 다른 데로 돌리다, 어지럽히다	distraction 산만함, 주의산만

기출문제

An automatic bank teller records the time, date, and location of your transaction.

현금 자동 입출금기는 거래의 시간, 날짜, 그리고 장소를 기록한다.

공통어미
〈ant〉로
끝나는 단어

chant [ʧænt]	*n.* 노래, 찬송가 *v.* 노래하다	psalm 찬송가
plant [plænt]	*n.* 식물, 초목 *v.* 심다	transplant 이식하다
slant [slænt]	*v.* 경사지다, 경향이 있다	slope 경사지다
grant [grænt]	*v.* 승낙하다, 허가하다, 수여하다	permit 허가하다
radiant [réidiənt]	*a.* 빛나는, 밝은	radiate 빛나다 radiation 방사, 발광
valiant [vǽljənt]	*a.* 용감한	brave 용감한
brilliant [bríljənt]	*a.* 빛나는, 밝은, 영리한, 찬란한	brilliance 광채
vacant [véikənt]	*a.* 공허한, 빈	vacancy 공허 empty 빈
significant [signífikənt]	*a.* 중요한, 중대한	signify 의미하다(mean)
abundant [əbΛndənt]	*a.* 형 많은, 풍부한	abundance 풍부 abound 풍부하다
infant [ínfənt]	*n.* 유아, 갓난아이 *a.* 유아의	infancy 어릴 때, 유년기 infantile 유치한, 유아의
elegant [éligənt]	*a.* 고상한, 우아한, 품위 있는	elegance 우아
arrogant [ǽrəgənt]	*a.* 건방진, 교만한	arrogance 자만, 불손
merchant [mɔ́:rʧənt]	*n.* 상인, 무역상인	merchandise 상품

기출문제

Most of those steps were small and difficult, but a few were brilliant and beautiful.

그러한 단계들의 대부분은 작고 어려웠지만, 몇몇은 찬란하고 아름다웠다.

enchant [inʧǽnt]	*v.* 매혹하다, 호리다	enchantment 마법 fascinate 매혹하다
gallant [gǽlənt]	*a.* 용감한, 훌륭한	brave 용감한
stimulant [stímjulənt]	*a.* 자극하는, 흥분성의	stimulate 자극하다 stimulus 자극
tenant [ténənt]	*n.* 소작인, 토지사용자	ex) a tenant farmer 소작농
consonant [kánsənənt]	*n.* 자음, 자음자	vowel 모음
fragrant [fréigrənt]	*a.* 향기로운, 냄새 좋은	fragrance 향기
emigrant [émigrənt]	*n.* (외국으로 돈벌이 가는) 이민	emigrate 외국으로 이주하다 emigration 외국으로 이주
immigrant [ímigrənt]	*n.* (외국에서 오는) 이민	immigrate 이주해 오다 immigration 입국 이민
warrant [wɔ́:rənt]	*n.* 보증, 허가증 *v.* 보증하다	warranty 보증서
reluctant [rilʌ́ktənt]	*a.* 내키지 않는, 싫어하는	reluctance 싫음, 꺼림
distant [dístənt]	*a.* 먼, 떨어진, 냉정한	distance 거리
constant [kánstənt]	*a.* 거듭되는, 지속적인, 변함없는	permanent 영구한
halt [hɔ:lt]	*v.* 서다, 멈추다, 주저하다	abstain 삼가다
exalt [igzɔ́:lt]	*v.* 높이다, 승진시키다, 칭찬하다	extol 칭찬하다
fault [fɔ:lt]	*n.* 결점, 과실, 흠	faultless 결점이 없는
assault [əsɔ́:lt]	*n.* 맹공격, 강습 *v.* 공격하다	attack 공격하다

공통어미
〈alt, ault〉로
끝나는 단어

기출문제

They are a costly public health problem and a constant irritation to urban civil life.

그것은 비용이 많이 드는 공중 보건 문제이고 도시민의 생활에 있어 지속적인 골칫거리이다.

암기 후 영어쪽을 가리고 우리말을 영어로 연상해 보자.

공통어미 〈aft〉로 끝나는 단어	**raft** [ræft]	n. 뗏목, 거점 v. 뗏목으로 엮다	
	draft [dræft]	n. 초고, 초안 v. 기초하다	ex) a draft for a new building 새 건물의 도안
	craft [kræft]	n. 수공업, 공예	craftsman 장인
	aircraft [ɛ́ərkræft]	n. 항공기, 비행기	
공통어미 〈ast〉로 끝나는 단어	**cast** [kæst]	v. 던지다, 배역을 정하다	throw 던지다
	last [læst]	n. 최후 ad. 최후에 v. 계속되다	continue 계속하다
	past [pæst]	n. 과거 a. 과거의	former 전의, 앞의
	vast [væst]	a. 광대한, 막대한	vastly 광대하게
	outlast [àutlǽst]	v. ~보다 오래가다	survive ~보다 오래살다
	contrast n.[kántræst], v.[kəntrǽst]	n. 대조, 대비 v. 대조하다	compare 대조하다

* cast = throw(던지다)

broadcast [brɔ́:dkæst]	v. 방송하다, 방영하다	announce 방송하다
forecast [fɔ́:rkæst]	n. 예보, 예상 v. 날씨 예보하다	predict 예보하다
outcast [áutkæst]	a. 내쫓긴, 버림받은 n. 내쫓긴 사람	abandoned 버림받은

기출문제

Researchers at Solar Impulse in Lausanne, Switzerland, are developing a solar-powered, single-pilot aircraft.

스위스 로잔에 있는 태양 원동력 연구소의 학자들은 1인용 태양력 항공기를 개발하고 있다.

bay [bei]	*n.* (바다 · 호수의) 만	ex) a beautiful bay 아름다운 만
lay [lei]	*v.* 놓다, 두다, 눕히다	layer 층, 겹
ray [rei]	*n.* 광선, 빛 *v.* 방사하다	radiate 내뿜다
clay [klei]	*n.* 진흙, 점토	
play [plei]	*n.* 연극 *v.* 상영하다, 놀다	entertain 즐겁게하다
pray [prei]	*v.* 기도를 드리다, 간청하다	prayer 기도
decay [dikéi]	*v.* 쇠퇴하다, 쇠약해지다	ex) a decayed tooth 충치
delay [diléi]	*v.* 지연(지체)시키다 *n.* 연기, 지체	ex) without delay 지체 없이
relay [ri:lei]	*n.* 교대, 교체자, 릴레이 경주	
dismay [disméi]	*n.* 실망 *v.* 겁먹게 하다	discourage 용기를 잃게하다
betray [bitréi]	*v.* 배반하다, 저버리다	betrayer 배신자
portray [pɔ:rtréi]	*v.* (인물 · 풍경을) 그리다	portrait 초상(화)
astray [əstréi]	*ad.* 길을 잃어, 길을 잘못 들어	ex) go astray 길을 잃다
array [əréi]	*v.* (군대를) 정렬시키다	arrange 정돈하다
display [displéi]	*v.* 전시하다, 나타내다 *n.* 전시	exhibit 전시하다

기출문제

To my dismay, the other team scored three points.

실망스럽게도, 상대 팀이 3점을 획득했다.

* to one's dismay 실망스럽게도

암기 후 영어쪽을 가리고 우리말을 영어로 연상해 보자.

공통어미
〈ace〉로
끝나는 단어

race [reis]	*n.* 인종, 민족, 종족, 경쟁, 경주	racial 인종의 racism 인종 차별
grace [greis]	*n.* 우아, 고상, 세련, 장점	gracious 우아한 graceful 감사하는
trace [treis]	*n.* 자취, 흔적 *v.* 수색하다	track 흔적
retrace [ri:tréis]	*v.* 되돌아오다, 회상하다, 되풀이하다	
place [pleis]	*n.* 장소, 곳, 위치 *v.* 놓다, 두다	deposit 두다
replace [ripléis]	*v.* 대신하다, 대체하다	replacement 대체
misplace [mìspléis]	*v.* 잘못 두다, 둔 곳을 잊다	mislay 잘못 두다
commonplace [kámənplèis]	*a.* 평범한, 진부한, 흔한	ordinary 보통의
fireplace [fáiərplèis]	*n.* 벽난로, 벽난로 바닥, 화로	
birthplace [bɔ́:rθplèis]	*n.* 출생지, 고향, 발상지	birth 출생 place 장소
embrace [imbréis]	*v.* 껴안다, 포옹하다	hug 포옹하다
aerospace [έərouspèis]	*n.* 우주공간, 항공우주산업	
surface [sɔ́rfis]	*n.* 표면, 외관 *v.* 겉면을 대다	exterior 외부의
preface [préfis]	*n.* 서문, 머리말 *v.* 서문을 쓰다	foreword 머리말

기출문제

The habit of scratching can be replaced with rubbing in some lotion

긁는 버릇은 약간의 로션을 바르는 것으로 대체될 수 있다.

공통어미 〈ade〉로 끝나는 단어

furnace [fə́:rnis]	*n.* 화덕, 난로, 혹독한 시련	
fade [feid]	*v.* 시들다, 색깔이 바래다, 쇠퇴하다	diminish 감소하다
lade [leid]	*v.* 짐을 싣다, (책임 등을) 지우다	burden 짐을지우다
shade [ʃeid]	*n.* 그늘, 땅거미, 어스름	shadow 그림자
trade [treid]	*n.* 무역, 거래, 통상 *v.* 매매하다	commerce 상업
decade [dékeid]	*n.* 10년간	
degrade [digréid]	*v.* (지위를) 떨어뜨리다	degradation 강등, 격하
centigrade [séntəgrèid]	*a.* 섭씨의, 100분의	centi =100

*vade = go(가다)

invade [invéid]	*v.* 침입하다, 침략하다	invasion 침입, 침략 attack 공격하다
evade [ivéid]	*v.* 피하다, 회피하다, 모면하다	evasion (책임 등의) 회피(모면)
pervade [pərvéid]	*v.* ~에 널리 퍼지다	pervasive 널리 퍼지는

*suade = 재촉하다

dissuade [diswéid]	*v.* 설득하여 단념시키다	dissuasion 하지 못하게 말림
persuade [pərswéid]	*v.* 설득하여 ~하게 하다	persuasion 설득 persuasive 설득력 있는
crusade [kru:séid]	*n.* 십자군, 성전, (사회악) 개혁운동	crusader 십자군 전사

기출문제

Can governments interfere with free trade?
정부가 자유 무역을 간섭할 수 있는가?

암기 후 영어쪽을 가리고 우리말을 영어로 연상해 보자.

**공통어미
〈age〉로
끝나는 단어**

rage [reidʒ]	*n.* 격노, 분노, 열망, 열정	passion 열정
sage [seidʒ]	*n.* 현인, 철인 *a.* 현명한	sagacious 현명한
wage [weidʒ]	*n.* 임금, 급료 *v.* 수행하다	conduct 행동하다
stage [steidʒ]	*n.* 무대, 단계, 시대, 연단	period 시대
damage [dǽmidʒ]	*n.* 손해, 손상 *v.* 손상시키다	injure 다치게하다
image [ímidʒ]	*n.* 상, 영상, 심상, 표상, 상징	notion 관념, 생각
manage [mǽnidʒ]	*v.* 경영하다, 관리하다	manager 지배인, 경영자 management 관리
average [ǽvəridʒ]	*n.* 표준, 보통, 평균 *a.* 평균의	ordinary 보통의
beverage [bévəridʒ]	*n.* (물 이외의) 음료, 마실 것	
courage [kə́:ridʒ]	*n.* 용기, 배짱, 담력	courageous 용기 있는
discourage [diskə́:ridʒ]	*v.* 용기를 잃게 하다, 단념시키다	discouragement 낙담, 낙심
encourage [inkə́:ridʒ]	*v.* 기운을 내게 하다	encouragement 격려
voyage [vɔ́iidʒ]	*n.* 항해, 항공	voyager 항해자
garbage [gáːrbidʒ]	*n.* 찌꺼기, 쓰레기, 폐물	waste 쓰레기

기출문제

Vicky is practicing on her high school stage for tomorrow's presentation of a play.

Vicky는 내일 있을 연극 발표를 위해 그녀의 고등학교 무대에서 연습하고 있다.

bandage [bǽndidʒ]	*n.* 붕대, 안대 *v.* (붕대를) 감다	band 띠, 끈, 무리(group)
bondage [bándidʒ]	*n.* 속박, 감금, 노예	confinement 감금 bond 속박
baggage [bǽgidʒ]	*n.* 수하물	bag 자루(sack)
luggage [lʌ́gidʒ]	*n.* (소형) 수하물 (군용) 수하물	baggage 수하물
engage [ingéidʒ]	*v.* ~에 종사하다, 고용하다, 약속하다	engagement 약속, 계약
message [mésidʒ]	*n.* 알림, 통지	communication 통신
passage [pǽsidʒ]	*n.* (문장의) 한 절, 통행, 통과	pass 지나가다
heritage [héritidʒ]	*n.* 세습 재산, 유산, 전승, 유전	heritable 상속할 수 있는 inheritance 상속
advantage [ædvǽntidʒ]	*n.* 유리, 편의, 이익, 이점	advantageous 유리한 disadvantage 불리, 역경
hostage [hástidʒ]	*n.* 인질, 볼모	host 주인(노릇)
savage [sǽvidʒ]	*a.* 포악한, 잔인한 *n.* 야만인, 미개인	cruel 잔인한
salvage [sǽlvidʒ]	*n.* 해상 구조 *v.* 구조하다	salvation 구제, 구조 save 구하다
garage [gərá:dʒ]	*n.* 자동차 차고	
mirage [mirá:ʒ]	*n.* 신기루, 아지랑이	rage 격노, 분노
sabotage [sǽbɔtà:ʒ]	*n.* 태업	

암기 후 영어쪽을 가리고 우리말을 영어로 연상해 보자.

**공통어미
〈ake〉로
끝나는 단어**

make [meik]	*n.* 제작 *v.* 만들다, 제작하다	manufacture 제조
sake [seik]	*n.* 동기, 이유, 목적, 이익	advantage 이익
wake [weik]	*v.* (잠을) 깨우다(깨다), 일어나다	stimulate 자극하다
shake [ʃeik]	*n.* 진동 *v.* 흔들리다, 진동하다	tremble 떨다
flake [fleik]	*n.* 얇은 조각, (화염의) 불꽃	lake 호수
snake [sneik]	*n.* 뱀, 음흉한 사람 *v.* 꿈틀거리다	
stake [steik]	*n.* 말뚝, 막대기, 화형 기둥	rod, pole 막대기
quake [kweik]	*n.* 진동 *v.* 흔들리다	vibrate 진동하다
earthquake [əːrθkweik]	*n.* 지진, 큰 변동	earth 땅 quake 진동
forsake [fərséik]	*v.* 버리다, 포기하다	abandon 포기하다
awake [əwéik]	*a.* 깨어 있는 *v.* 깨다, 깨우다	awaken 깨우다, 깨닫게 하다

＊**take** 잡다, 먹다, 마시다, 얻다

| partake [paːrtéik] | *v.* 한 몫 끼다, 참여하다 | distribute 분배하다 |
| intake [inteik] | *n.* 섭취, 흡입 | |

기출문제

This makes the interior of a room beautiful.

이것은 방의 내부를 아름답게 만든다.

	undertake [ʌndərtéik]	*v.* ~을 떠맡다, 착수하다	attempt 시도(기도)하다
	overtake [ouvərtéik]	*v.* 뒤따라잡다, 추월하다	catch 잡다
공통어미 ⟨ale⟩로 끝나는 단어	**m**ale [meil]	*a.* 남자의, 남성의, 남성적인	masculine 남성의 female 여성의
	pale [peil]	*a.* 창백한, 핏기가 없는	white창백한
	sale [seil]	*n.* 판매, 염가 판매, 경매	sales 판매량, 매출 wholesale 전매
	scale [skeil]	*n.* (저울의) 접시 (저울의) 눈금	balance 저울
	finale [finǽli]	*n.* 끝, 대단원, 피날레	
공통어미 ⟨ame⟩으로 끝나는 단어	**f**ame [feim]	*n.* 명성, 명망, 평판, 세평	famous 유명한 infamous 수치스러운
	game [geim]	*n.* 유희, 오락 *v.* 내기하다	amusement 오락
	lame [leim]	*a.* 불구의, 불충분한	crippled 불구의
	tame [teim]	*a.* 길들여진, 순한 *v.* 길들이다	domestic 길든
	shame [ʃeim]	*n.* 부끄러움, 치욕 *v.* 망신시키다	shameful 부끄러운
	blame [bleim]	*v.* 나무라다, 비난하다 *n.* 책임	ex) bear the blame 책임을 지다
	flame [fleim]	*n.* 불길, 불꽃, 열정 *v.* 활활 타다	passion 열정
	frame [freim]	*n.* 구조, 뼈대, 체격, 골격	framework 뼈대
	ashamed [əʃéimd]	*a.* 부끄러워 하는	humiliated 부끄러워하는

기출문제

Computer sales in 1993 were up 50% compared with those in 1992.

1992년과 비교하여 1993년의 컴퓨터 판매량은 50퍼센트 증가했다.

암기 후 영어쪽을 가리고 우리말을 영어로 연상해 보자.

공통어미 ⟨ane⟩으로 끝나는 단어	wane [wein]	v. (달 등이) 이지러지다	wither 쇠퇴하다
	crane [krein]	n. 두루미, 기중기	
	sane [sein]	a. 본 정신의, 제 정신의	normal 정상의
	insane [inséin]	a. 정신 이상의, 미치광이 같은	crazy 미친
	hurricane [hə́:rəkèin]	n. 허리케인, 대폭풍	violent storm 대폭풍
공통어미 ⟨ape⟩으로 끝나는 단어	scrape [skreip]	v. 문지르다, 긁어 모으다	scour 문질러 닦다
	escape [iskéip]	v. 도망가다, 탈출하다	avoid 피하다
	landscape [lǽndskèip]	n. 풍경, 경치, 조망 풍경화	scenery 경치
	agape [əɡéip]	n. 인간상호간의 (기독교적) 사랑, 아가페적 사랑, 형제애	
공통어미 ⟨aste⟩로 끝나는 단어	haste [heist]	n. 서두름, 허둥댐	hasten 서두르다 hasty 서두르는
	paste [peist]	n. 풀 v. 풀로 붙이다	
	waste [weist]	n. 낭비, 쓰레기 v. 낭비하다	wasteful 낭비하는
	distaste [distéist]	n. 싫음	dislike 싫어하다 taste 맛 (flavor)

기출문제

Yet in the United States, paper products are the single largest component of municipal waste.

하지만 미국에서 종이 제품은 도시 쓰레기 중 가장 큰 비율을 차지한다.

bare [bɛər]	*a.*	벌거벗은, 나체의	barely 간신히, 겨우
dare [dɛər]	*v.*	두려워하지 않고 ~하다	challenge 도전하다
fare [fɛər]	*n.*	(탈 것의) 요금, 승객	passenger 승객
rare [rɛər]	*a.*	드문, 보기 드문, 진귀한	rarely 드물게
ware [wɛər]	*n.*	제품, 도자기, 상품	merchandise 상품
glare [glɛər]	*n.* *v.*	(번쩍이는) 빛 노려 보다	stare 노려보다
scare [skɛər]	*v.*	겁나게 하다	scared 무서워하는
spare [spɛər]	*v.* *a.*	용서하다, 절약하다 예비의	reserve 예약하다
stare [stɛər]	*v.*	응시하다 유심히 보다	staring 뚫어지게 보는 gaze 응시하다
welfare [wélfɛər]	*n.*	복지, 행복, 번영	well-being 복지
declare [diklɛər]	*v.*	선언(단언)하다, 발표하다	declaration 선언, 발표
compare [kəmpɛ́ər]	*v.*	비교(비유)하다	comparison 비교, 대조 comparable 비교할 만한
prepare [pripɛ́ər]	*v.*	준비하다, 각오하다	preparation 준비, 예비
aware [əwɛ́ər]	*a.*	~을 알고있는, ~을 알아채는	be aware of ~을 알다
beware [biwɛ́ər]	*v.*	조심하다, 경계(주의)하다	take care 조심하다

기출문제

That is why the heroes in Greek tragedies can be compared to fish in the net.

그것은 그리스 비극 주인공들이 그물에 걸린 물고기에 비교될 수 있는 이유다.

암기 후 영어쪽을 가리고 우리말을 영어로 연상해 보자.

공통어미
⟨ase⟩로
끝나는 단어

chase [ʧeis]	v. ~을 추적하다, 쫓아내다	pursue 추적하다
phase [feiz]	n. 국면, 단계, 형세	condition 형편
phrase [freiz]	n. 구(句), 말씨 말투, 어구	expression 어법
erase [iréiz]	v. (쓴 글자를) 지우다, 삭제하다	eraser 지우개 erasure 삭제, 말소
purchase [pə́:rʧəs]	v. ~을 사다, 구입하다, 얻다	purchaser 구입자, 구매자 buy 사다

공통어미
⟨ave⟩로
끝나는 단어

pave [peiv]	v. (도로를) 포장하다	pavement 포장도로, 보도
save [seiv]	v. 구하다, 구조하다, 저축하다	savior 구조자 savings 저축
shave [ʃeiv]	v. 면도하다, 깎다, 스치다	ex) shave beard 턱수염을 깎다
slave [sleiv]	n. 노예 v. 노예로 삼다	slavery 노예제도
brave [breiv]	a. 용감한, 용기있는	courageous 용기있는 bravely 용감하게
crave [kreiv]	v. 열망하다, 간청하다	desire 간청하다
grave [greiv]	n. 무덤 a. 중대한, 진지한	gravity 중력 important 중요한
engrave [ingréiv]	v. ~을 새겨 넣다, 조각(장식)하다	carve 새기다
behave [bihéiv]	v. 행동(처신)하다	behavior 행위

기출문제

I found the little notebook I had purchased twenty years earlier.

나는 20년 전에 구입했던 작은 노트를 발견했다.

*ate가 [eit]로 발음된다.

공통어미 〈ate〉로 끝나는 단어

fate [feit]	*n.* 운명, 숙명, 예언 신의 섭리	fatal 치명적인
rate [reit]	*n.* 비율, 가격, 요금 *v.* 평가하다	estimate 평가하다
state [steit]	*n.* 국가, 주, 신분, 상태 *v.* 말하다	nation 국가
appreciate [əprí:ʃièit]	*v.* 감상하다, 감사하다	appreciation 감상
appropriate [əpróuprièit]	*v.* 독점(도용)하다, 충당하다	appropriation 횡령
associate [əsóuʃièit]	*v.* 교제하다, 연상하다	assciation 연합
initiate [iníʃièit]	*v.* 시작하다, 착수하다, 창시하다	initial 처음의 initiation 개시, 착수
negotiate [nigóuʃièit]	*v.* 상의하다, 협상하다	negotiation 협상
radiate [réidièit]	*v.* 빛(열)을 발하다	radiation 복사
humiliate [hju:mílièit]	*v.* 창피(굴욕)를 주다	humiliation 굴욕
conciliate [kənsílièit]	*v.* 달래다, 무마하다	conciliator 조정자
abbreviate [əbrí:vièit]	*v.* 생략하다, 단축하다	abbreviation 단축
evaluate [ivǽljuèit]	*v.* 평가하다, 수치를 구하다	evaluation 평가
accentuate [æksénʧuèit]	*v.* 강조하다, 두드러지게 하다	accentuation 강조

기출문제

According to one expert, there is more spending because of the low inflation rate and more employment.

한 전문가에 의하면, 낮은 인플레이션 비율과 고용 증가 때문에 가계 지출이 많아진 것이라고 한다.

암기 후 영어쪽을 가리고 우리말을 영어로 연상해 보자.

공통어미 〈ate〉로 끝나는 단어 (b)+ate (c)+ate	de**bate** [dibéit]	n. 토의, 토론 v. 토의하다, 논쟁하다	discuss 토의하다
	dedi**cate** [dédikèit]	v. 바치다, 봉헌하다	dedication 헌납, 헌신
	indi**cate** [índikèit]	v. 나타내다, 암시하다	indication 지시, 표시
	compli**cate** [kámpləkèit]	v. 복잡(곤란)하게 하다	complication 복잡한 상태 complicated 복잡한
	communi**cate** [kəmjú:nəkèit]	v. 알리다, 전달하다, 통신하다	communication 전달, 통신
	domesti**cate** [dəméstikèit]	v. 길들이다, 익숙하게 하다	domestic 가정의, 국내의
	lo**cate** [lóukeit]	v. 거주하다, 정착하다	location 장소, 위치
	advo**cate** [ǽdvəkèit]	v. 변호하다, 옹호하다	advocacy 옹호, 지지, 변호
	sophisti**cated** [səfístəkèitid]	a. 세련된, 약아 빠진	cultured 세련된
(d)+ate	ante**date** [ǽntidèit]	v. ~보다 먼저 일어나다, 예상하다	
	candi**date** [kǽndidèit]	n. 입후보자, 지원자	ex) presidential candidate 대통령 후보
	up**date** [ʌpdéit]	n. 갱신, 개정 v. 갱신하다	ex) regular updates 정기적인 갱신
	accommo**date** [əkámədèit]	v. 숙박시키다, 편의를 봐주다	accommodation 숙박, 편의시설
(g)+ate	irri**gate** [írəgèit]	v. (땅에) 물을 대다, (토지를) 관개하다	irrigation 관개, 물을 끌어댐

기출문제

These works have provoked a lot of debates on what art actually is.

이 작품들은 실제 예술이 무엇인가에 대한 수많은 토론을 촉발했다.

(l)+ate

investigate [invéstəgèit]	v. 조사하다, 연구하다	investigator 연구자 investigation 조사, 연구
navigate [nǽvəgèit]	v. 항해하다, (배를) 조종하다	navigation 항해 navigator 항해자
segregate [ségrigèit]	v. 분리(격리)하다	segregation 분리
delegate [déligèit]	v. 대표로 보내다 n. 대표자	delegation 대표단, 파견단
annihilate [ənáiəlèit]	v. 파괴하다, 몰살하다	annihilation 전멸, 절멸
ventilate [véntəlèit]	v. 환기하다	ventilation 통풍, 환기
violate [váiəlèit]	v. 위반하다, 침해하다	violation 위반, 침해
legislate [lédʒislèit]	v. 법률을 제정하다	legislator 입법자 legislation 입법, 법률 제정
speculate [spékjulèit]	v. 깊이 생각하다, 사색하다	speculation 사색 speculative 사색적인
calculate [kǽlkjulèit]	v. 계산하다, 평가하다	calculation 계산 calculator 계산기
circulate [sə́:rkjulèit]	v. 돌다, 돌게 하다, 순환하다	circulation 순환 circuit 순회
regulate [régjulèit]	v. 규정하다, 조절하다	regulation 규칙, 규제
isolate [áisəlèit]	v. 고립시키다, 격리시키다	isolation 고립, 격리
escalate [éskəlèit]	v. 단계적으로 확대하다	escalator 에스컬레이터
stimulate [stímjulèit]	v. 자극하다, 고무하다	stimulation 자극, 격려
formulate [fɔ́:rmjulèit]	v. 공식화하다	formula 공식 form 형성하다

기출문제

They violated basic social rules.

그들은 기본적 사회 규칙들을 위반했다.

암기 후 영어쪽을 가리고 우리말을 영어로 연상해 보자.

	populate [pápjulèit]	v. ~에 살다, 거주하다	population 인구, 주민
	insulate [ínsəlèit]	v. 절연하다, 고립하다	insulation 절연, 격리
	congratulate [kəngrǽtʃulèit]	v. 축하하다	congratulation 축하
	articulate [aːrtíkjulèit]	v. 똑똑히 발음하다	
	manipulate [mənípjulèit]	v. 능숙하게 다루다	manipulation 교묘한 처리
	simulate [símjulèit]	v. 흉내내다, 가장하다	simulation 가장, 흉내
	contemplate [kántəmplèit]	v. 곰곰이 생각하다	contemplation 심사숙고
(m)+ate	estimate [éstəmèit]	v. 어림하다, 평가하다	estimation 평가, 판단
	automate [ɔ́ːtəmèit]	v. 자동화하다	automation 자동조작 automatic 자동적인
	animate [ǽnəmèit]	v. 살리다, 활기를 주다	animation 생기, 활기, 만화영화
	approximate [əpráksəmèit]	v. 접근하다, 가깝다	approximately 대략, 대체로
(n)+ate	designate [dézignèit]	v. 나타내다, 지명하다	designation 지명, 임명
	fascinate [fǽsənèit]	v. 홀리다, 매혹하다	fascination 매혹 fascinating 매혹적인
	subordinate [səbɔ́ːrdənèit]	v. 종속시키다, 경시하다	subordination 종속

기출문제

Their ideas often originate in discussion.

그들의 아이디어들은 종종 토론에서 시작된다.

* originate in ~에서 출발하다, 유래하다

originate [ərídʒənèit]	v. 시작하다, 근원이 되다	origin 근원, 기원 original 최초의
eliminate [ilímənèit]	v. 제거하다, 삭제하다	elimination 제거, 배제
dominate [dámənèit]	v. 지배하다, 통치하다	dominant 지배적인 predominant 우세한
discriminate [diskrímənèit]	v. 식별하다, 차별대우하다	discrimination 식별, 차별
ornate [ɔːrnéit]	a. 잘 꾸민, 화려하게 장식한	
terminate [tə́ːrmənèit]	v. 끝내다, 종결시키다	terminal 끝의, 종말의, 종점
illuminate [ilúːmənèit]	v. 밝게 하다, 조명하다	illumination 조명, 계몽
assassinate [əsǽsənèit]	v. 암살하다	assassination 암살, 훼손
alternate [ɔ́ːltərnèit]	v. 교대하다, 번갈아 일어나다	alternately 번갈아서 alternation 교체
contaminate [kəntǽmənèit]	v. 더럽히다, 오염시키다	contamination 오염
hibernate [háibərnèit]	v. 동면하다	hibernation 동면
innate [inéit]	a. 타고난, 선천적인	
coordinate [kouɔ́ːrdənèit]	v. 조화시키다, 조정하다	coordination 조정, 조화
designate [dézignèit]	v. 가리키다, 지적하다, 임명하다	designation 임명, 지명
anticipate [æntísəpèit]	v. 예상하다, 기대하다	anticipation 예견, 예상
participate [paːrtísəpèit]	v. 참가(관여)하다, 가담하다	participation 관여 participant 참가자, 참여자

(p)+ate

The excellent Christmas season we've anticipated has begun.

우리가 기대해 온 멋진 크리스마스 시즌이 시작되었다.

(r)+ate

separate [sépərèit]	v. 분리하다, 떼어놓다	separation 분리
liberate [líbərèit]	v. 석방하다, 자유롭게 하다	liberal 자유로운 liberalism 자유주의
deliberate [dilíbərèit]	v. 심사숙고하다 a. 고의적인	deliberation 숙고, 신중 deliberately 고의로, 신중히
confederate [kənfédərèit]	v. 동맹하다	ally 동맹하다
exaggerate [igzǽdʒərèit]	v. 과장하다, 허풍 떨다	exaggeration 과장
accelerate [æksélərèit]	v. 가속하다, 빨라지다	accelerator (자동차의) 가속기
tolerate [tálərèit]	v. 너그럽게 하다, 묵인하다, 참다	tolerable 참을 수 있는
generate [dʒénərèit]	v. 산출하다, 발생시키다	produce 산출하다 generation 세대
operate [ápərèit]	v. 조종(운전)하다, 수술하다	operation 수술, (기계의) 조작 operator 조작자
cooperate [kouápərèit]	v. 협력하다, 상부상조하다	cooperation 협력, 협동
decorate [dékərèit]	v. 꾸미다, 장식하다	decoration 장식, 훈장 decorator 장식가
commemorate [kəmémərèit]	v. ~을 기념하다, 축하하다, 기념이 되다	commemoration 기념, 축하
evaporate [ivǽpərèit]	v. 증발하다, 기화하다	evaporation 증발
narrate [nǽreit]	v. 이야기하다, 서술하다	narration 서술, 이야기 하기 narrator 해설가

기출문제

Until my practice period was completed, I deliberately neglected everything else.

나는 연습 기간이 완료될 때 까지는 그 밖의 모든 것을 고의적으로 무시하였다.

	celebrate [séləbrèit]	v. 축하하다, (식을) 거행하다	celebration 축하
(gr)+ate	**integrate** [íntəgrèit]	v. 통합하다, 융화(조화)하다	unite 통합하다
	migrate [máigreit]	v. 이주하다, 이민하다	migration 이주 migrant 이주자
	emigrate [émigrèit]	v. 이민가다, 이주하다	emigration (타국으로) 이주 emigrant (타국으로) 이주자
	immigrate [íməgrèit]	v. (타국에서) 이주해 오다	immigration (입국) 이민 immigrant 이주자
(tr)+ate	**penetrate** [pénətrèit]	v. 뚫고 들어가다, 관통하다	penetration 관통, 침투
	concentrate [kánsəntrèit]	v. 집중하다, 전심전력하다	concentration 집중, 집결
	demonstrate [démənstrèit]	v. 증명(시위)하다, 설명하다	demonstration 데모, 증명, 논증
	illustrate [íləstrèit]	v. 예증하다, 설명하다	illustration 설명, 예증
	frustrate [frΛstreit]	v. 남을 실망시키다	frustration 좌절 frustrated 좌절(실망)한
(s)+ate	**compensate** [kámpənsèit]	v. 보상하다, 변상하다	compensation 배상, 보상
(t)+ate	**dictate** [díkteit]	v. 받아쓰게 하다, 구술하다	dictation 구술, 받아쓰기 dictator 구술자, 독재자
	meditate [médətèit]	v. 명상(숙고)하다, ~을 꾀하다	meditation 심사숙고
	agitate [ǽdʒitèit]	v. 동요시키다, 흔들다, 선동하다	agitation 동요, 선동
	imitate [ímətèit]	v. ~을 모방하다, 따라하다, 흉내내다	imitation 모방
	irritate [írətèit]	v. 짜증나게 하다, 화나게 하다	irritable 화를 내는

기출문제

Everyone looked at how the man held his chopsticks, so that they could
imitate him.

모든 사람은 그 남자를 따라하기 위해서 남자가 젓가락을 어떻게 잡는지 보았다.

암기 후 영어쪽을 가리고 우리말을 영어로 연상해 보자.

(t)+ate	hesitate [hézətèit]	v. 주저하다, 망설이다	hesitation 주저, 망설임 hesitant 주저하는
	rotate [róuteit]	v. 회전하다, 순환하다, 교대하다	rotation 회전
	necessitate [nəsésətèit]	v. ~을 필요로 하다	necessary 필요한(required) necessity 필수품
	estate [istéit]	n. 토지, 사유지, 재산권	state 상태, 국가, 주, 말하다
(v)+ate	cultivate [kʌ́ltəvèit]	v. 경작하다, (토지를) 개간하다	cultivation 경작, 양성 cultivated 경작된, 교양 있는
	innovate [ínəvèit]	v. 쇄신하다, 혁신하다	innovation 혁신, 쇄신
	motivate [móutəvèit]	v. ~에게 동기를 주다, 자극하다	motive 동기 motivation 자극
	renovate [rénəvèit]	v. 혁신(개선)하다, 새롭게 하다	renovation 혁신

예외 발음

＊예외로 **ate**가 [it]로 발음된다.

| | climate [kláimit] | n. 기후, 풍토 | ex) climate change 기후 변화 |

＊**ate**가 [ət]로 발음된다.

	certificate [sərtífikət]	n. 증명서, 면허증	certify 증명(보증)하다
	intimate [íntəmət]	a. 친밀한, 친한, 개인적인	intimacy 친밀, 친교 intimately 친밀히
	accurate [ǽkjurət]	a. 정확한	accuracy 정확성, 정확도

기출문제

Now as a father myself, I sometimes use the same technique to motivate my own son.

이제 나 자신도 아빠로서, 내 아들에게 동기를 부여하기 위해 그와 똑같은 기술을 가끔 사용한다.

moderate [mádərət]	*a.* 온건한, (날씨 등이)온화한	moderately 적당히 moderation 적당, 중용
adequate [ǽdikwət]	*a.* 적당한, 충분한	adequacy 적당, 충분 adequately 적절하게
private [práivət]	*a.* 사유의, (특정) 개인 소유의,	privacy 사생활
intricate [íntrikət]	*a.* 뒤얽힌, 복잡한	complex 복잡한
legitimate [lidʒítəmət]	*a.* 합법적인, 정당한	legal 합법의
ultimate [ʌ́ltəmət]	*a.* 궁극적인, 최후의	ultimately 궁극적으로
moderate [mádərət]	*a.* 온건한, 알맞은	moderation 알맞음 moderately 알맞게
desperate [déspərət]	*a.* 자포자기의, 무모한	desperation 절망 desperately 절망적으로
considerate [kənsídərət]	*a.* 사려깊은, 신중한	consideration 고찰, 고려 considerably 상당히, 꽤
temperate [témpərət]	*a.* 절도 있는, 절주의, 금주의	temperature 온도, 기온
fortunate [fɔ́ːrtʃənət]	*a.* 행운의, 다행한	fortune 운, 행운(lucky)
unfortunate [ʌnfɔ́ːrtʃənət]	*a.* 불행한, 불운한	unfortunately 운 나쁘게
obstinate [ábstənət]	*a.* 고집 센, 완고한	stubborn 완고한
delicate [délikət]	*a.* 섬세한, 우아한	
immediate [imíːdiət]	*a.* 즉시의, 즉석의	immediately 곧, 즉시
intermediate [intərmíːdiət]	*a.* 중간의 *n.* 중간물	

기출문제

We are not always fortunate enough to enjoy a work environment free of noise pollution.

우리는 소음 공해가 없는 작업 환경에서 일할 수 있을 정도로 항상 운이 좋지는 않다.

암기 후 영어쪽을 가리고 우리말을 영어로 연상해 보자.

공통어미 〈aw〉로 끝나는 단어	law [lɔː]	n. 법, 법률, 국법	lawful 합법적인 lawyer 변호사
	paw [pɔː]	n. (개·고양이 등의) 발	ex) a dog's paw 개의 발
	raw [rɔː]	a. 날것의, 설익은, 가공하지 않은	반 ripe 익은
	saw [sɔː]	n. 톱 v. 톱질하다	
	claw [klɔː]	n. (고양이, 매 등의) 발톱	
	flaw [flɔː]	n. 흠, 금, 결점	flawless 흠없는
	draw [drɔː]	v. 끌다, 당기다, 그리다, 묘사하다	pull 당기다
	straw [strɔː]	n. 짚, 밀짚, 지푸라기	strawberry 딸기
	withdraw [wiðdrɔ́ː]	v. 철수하다, 물러서다	withdrawal 물러남, 철수
	gnaw [nɔː] g = 묵음	v. 갉아 먹다, 쏠다, 부식하다	
공통어미 〈awn〉으로 끝나는 단어	dawn [dɔːn]	n. 새벽, 동틀 녘 v. 날이 새다	sunrise 해돋이
	lawn [lɔːn]	n. 잔디(밭)	ex) a lawn mower 풀 깎는 기계
	pawn [pɔːn]	v. 저당 잡히다 n. 남의 앞잡이	pawnshop 전당포 pledge 저당잡히다
	yawn [jɔːn]	n. 하품 v. 하품하다	gape 하품하다

기출문제

By the full moon hanging low in the west he knew that it was near the hour of dawn.

서쪽 하늘에 낮게 떠 있는 보름달을 보고 그는 새벽녘이 가까웠음을 알았다.

공통어미 〈ause〉로 끝나는 단어	**cause** [kɔːz]	*n.* 원인, 이유, 근거, 동기	motive 동기
	pause [pɔːz]	*n.* 중지, 휴지 *v.* 휴지하다, 머뭇거리다	hesitate 주저하다
	clause [klɔːz]	*n.* (법률 등의) 조항, 조목, (문법의) 절	paragraph (문법)절
	applause [əplɔ́ːz]	*n.* 박수 갈채	applaud 박수갈채를 보내다 applausive 박수갈채의
공통어미 〈aze〉로 끝나는 단어	**daze** [deiz]	*v.* 눈부시게 하다, 당황하게 하다	bewilder 당황케하다
	gaze [geiz]	*v.* 바라보다, 응시하다	stare 응시하다
	haze [heiz]	*n.* 아지랑이, 안개	mist 안개
	maze [meiz]	*n.* 미로, 미궁, 당황 *v.* 당황케 하다	confuse 황당케하다
	laze [leiz]	*v.* 게으름 피우다	lazy 나태한, 게으른
	craze [kreiz]	*v.* 미치게 하다 *n.* 열광	crazy 미친, 열광한
	graze [greiz]	*v.* 목초를 먹다	ex) cows grazing 풀을 뜯고 있는 소들
	amaze [əméiz]	*v.* 놀라게 하다, 경악케 하다	amazing 놀랄만한 amazement 놀람, 경탄

암기 후 영어쪽을 가리고 우리말을 영어로 연상해 보자.

공통어미 〈ail〉로 끝나는 단어

jail [dʒeil]	*n.* 감옥, 교도소, 형무소 *v.* 투옥하다	prison 형무소
mail [meil]	*n.* 우편, 우편물 *v.* 우송하다	mailman 집배원
pail [peil]	*n.* 양동이	
rail [reil]	*n.* 난간, (철도의) 레일, 철도원	railway 철도
sail [seil]	*n.* 돛 *v.* 항해하다	sailor 선원
tail [teil]	*n.* (동물의) 꼬리 *v.* ~에 꼬리를 달다	tailor 재봉사, 재단사
wail [weil]	*n.* 통곡 *v.* 울부짖다	mourn 슬퍼하다
frail [freil]	*a.* 약한, 허약한, 깨지기 쉬운	feeble 약한
trail [treil]	*v.* ~을 질질 끌다, 추적하다	pursue 추적하다
assail [əséil]	*v.* 습격하다, 공격하다	attack 공격하다
detail [ditéil]	*n.* 세부, 세목, 상세	
cocktail [káktèil]	*n.* (요리) 칵테일	
retail [rí:teil],[ritéil]	*n.* 소매 *v.* 소매하다	retailer 소매상인
avail [əvéil]	*v.* 쓸모 있다, 가치가 있다	available 구입(이용) 할 수 있는

기출문제

Please keep your insurance policy and emergency contact details with you at all times.

당신의 보험 증서와 비상 연락처 세부사항을 항상 몸에 지니고 다니십시오.

prevail [privéil]	v. 널리 퍼지다, 보급하다	prevalent 만연하는, 널리 퍼진
gain [gein]	v. 얻다, 획득하다, 늘리다	acquire 얻다
main [mein]	a. 주된, 주요한	mainly 주로
vain [vein]	a. 공허한, 쓸모없는, 허영심 강한	vanity 허영심
plain [plein]	a. 평이한, 알기쉬운, 명료한	clear 명료한
brain [brein]	n. 뇌, 두뇌, 지력, 지능	intelligence 지능
drain [drein]	n. 하수구 v. 배출하다	exhaust 유출하다
grain [grein]	n. 곡식, 낟알, (모래 등) 알갱이	particle 미립자
strain [strein]	v. 잡아당기다, 조이다, 긴장시키다	tighten 조이다
sprain [sprein]	v. (발목 등을) 삐다	ex) sprain one's finger 손가락을 삐다
stain [stein]	v. 얼룩지게 하다, 더럽히다 n. 얼룩	blot 더럽히다
ordain [ɔːrdéin]	v. 정하다, 임명하다	ex) what the law ordains 법이 정한 바
disdain [disdéin]	n. 경멸, 멸시 v. 경멸하다	contempt 경멸하다
regain [rigéin]	v. 회복하다, 도로 찾다	recapture 되찾다
complain [kəmpléin]	v. 불평하다, 투덜대다	complaint 불평, 불만
explain [ikspléin]	v. 설명(해명)하다	explanation 설명, 해석

기출문제

Do complain quietly when you are not satisfied with what you are served.

대접받은 음식이 만족스럽지 못한 경우 불평은 조용히 해라.

**공통어미
⟨ain⟩으로
끝나는 단어**

remain [riméin]	*v.* 남다, 살아남다, 머무르다	remainder 나머지
domain [douméin]	*n.* 영토, 영역	territory 영토
constrain [kənstréin]	*v.* 강제하다, 억누르다	compel 강요하다
restrain [ristréin]	*v.* 제지하다, 억누르다, 감금하다	suppress 억누르다
refrain [rifréin]	*v.* 삼가다, 그만두다, 자제하다	abstain 삼가다 ex) refrain from ~을 삼가다

*tain = get(얻다)

obtain [əbtéin]	*v.* 얻다, 획득하다	obtainable 얻을 수 있는 gain 얻다
retain [ritéin]	*v.* ~을 보유하다, 유지하다	retention 보유 retentive 보유하는
contain [kəntéin]	*v.* 포함하다, 수용하다	container 용기 include 포함하다
pertain [pərtéin]	*v.* ~에 속하다, 관계하다, 알맞다	relate 관계하다
maintain [meintéin]	*v.* 유지하다, 보존하다	maintenance 유지, 보존, 정비
entertain [èntərtéin]	*v.* 재미나게 하다, 대접하다	entertainer 연예인 entertainment 오락
sustain [səstéin]	*v.* 떠받치다, 유지하다, 부양하다	support 부양하다
attain [ətéin]	*v.* 달성하다, 이루다, 도달하다	attainment 달성, 도달 complete 완성하다

기출문제

The word will still retain it's original meaning.

그 글자는 원래의 의미를 여전히 지니고 있을 것이다.

ascertain [æsərtéin]	v. 확인하다, 탐지하다	certain 확실한
공통어미 **〈aid〉로** **끝나는 단어**	**aid** [eid]	v. 도와주다, 원조하다	assist 원조하다
	maid [meid]	n. 소녀, (미혼의) 젊은 여자	maiden 소녀, 처녀 maidservant 하녀
	raid [reid]	n. 습격, 급습 v. 습격하다	attack 공격하다
	afraid [əfréid]	a. 두려워하여, 걱정하여	timid 두려워하는
공통어미 **〈aim〉로** **끝나는 단어**	**claim** [kleim]	n. 주장, 요구 v. 주장하다	assert 주장하다
	exclaim [ikskléim]	v. 외치다, 소리치다	shout 외치다
	proclaim [proukléim]	v. 공언하다, 선언하다	declare 선언하다 proclamation 공포
공통어미 **〈air〉으로** **끝나는 단어**	**fair** [fɛər]	a. 공평한, 정당한, 맑게 갠 n. 전시회	unfair 불공정한 fairy 요정(의)
	affair [əfɛ́ər]	n. 일, 사건, 문제, 사무, 업무	event 사건
	repair [ripέər]	n. 수선, 수리 v. 수선하다	mend 수선하다
	despair [dispέər]	n. 절망, 자포자기 v. 절망하다	discourage 낙담하다
	millionaire [mìljənέər]	n. 백만장자	million 백만
	questionnaire [kwèstʃənέər]	n. 질문서, 질문 사항	question 질문

기출문제

She was looking for volunteers to work in a fair.

그녀는 전시회에서 일할 자원봉사자들을 찾고 있었다.

암기 후 영어쪽을 가리고 우리말을 영어로 연상해 보자.

공통어미 ⟨aise⟩로 끝나는 단어	raise [reiz]	v. 세우다, 올리다	elevate 들어올리다
	praise [preiz]	n. 칭찬, 찬미 v. 칭찬하다	celebrate 찬양하다
공통어미 ⟨ait/aight⟩ 로 끝나는 단어	bait [beit]	n. 미끼, 유혹	
	trait [treit]	n. 특색, 특성, 특징	
	portrait [pɔ́:rtrit]	n. 초상화	
	straight [streit]	a. 곧은, 일직선의	
공통어미 ⟨ark⟩로 끝나는 단어	dark [da:rk]	a. 캄캄한, 어두운	darkness 암흑 darken 어둡게 하다
	mark [ma:rk]	n. 표, 흔적, 낙인 v. 표하다	sign 표시
	spark [spa:rk]	n. 불꽃, 불티 v. 불꽃을 튀기다	sparkle 불꽃, 번쩍이다
	remark [rimá:rk]	n. 발언, 말 v. 주의(주목)하다	remarkable 주목할 만한 remarkably 두드러지게
	landmark [lǽndmà:rk]	n. 경계표(시)	
	embark [imbá:rk]	v. ~을 배에 태우다(싣다), 승선하다	board 승선하다
	skylark [skáilà:rk]	n. 종달새, 법석떨기 v. 법석떨다	skyline 지평선 skyway 항공로

기출문제

This witty remark defeated the musician.

이 재치 있는 말에 그 음악가는 항복했다.

공통어미 〈arm〉으로 끝나는 단어	arm [a:rm]	*n.* 팔 *v.* 무장시키다	army 군대 arms 무기(weapon)
	harm [ha:rm]	*n.* 해, 손해 *v.* 해를 끼치다	harmful 해로운
	alarm [əlá:rm]	*n.* 경악, 경보 *v.* 놀라게 하다	ex) fire alarm 화재 경보기
	disarm [disá:rm]	*v.* 무장해제시키다, 군비 축소하다	disarmament 군비 축소, 무장 해제
	forearm [fɔ́:rà:rm]	*n.* 팔뚝	
	swarm [swɔ:rm]	*n.* 떼, 군중	crowd warm 따뜻한
공통어미 〈art〉로 끝나는 단어	dart [da:rt]	*n.* (다트 놀이용) 화살 *v.* 돌진하다	arrow 화살 dash 돌진하다
	chart [tʃa:rt]	*n.* 그림, 도표, 해도	graph 도표
	smart [sma:rt]	*a.* 영리한, 재치있는, 맵시 있는	bright 영리한
	depart [dipá:rt]	*v.* 떠나다, 출발하다	departure 출발, 떠남
공통어미 〈alm〉으로 끝나는 단어	calm [ka:m]	*a.* 잔잔한, 고요한 차분한	calmly 온화하게, 침착히
	palm [pa:m]	*n.* 손바닥, (식물) 야자수	
	psalm [sa:m]	*n.* 찬송가, 시편	hymn 찬송가

기출문제

The left bar chart shows the costs of carrying the environment-friendly improvements out.

왼쪽의 막대그래프는 환경친화적 개선안을 실행하는 데 드는 비용을 보여준다

공통어미 〈ard〉로 끝나는 단어

guard [ga:rd]	v. 지키다, 경호하다 n. 경호원, 경비원	defend 지키다
coward [káuərd]	n. 겁쟁이, 비겁한 자	cowardice 겁, 비겁 cowardly 겁 많은
regard [rigá:rd]	v. 주의(주목)하다, 존중하다	disregard 무시하다
hazard [hǽzərd]	n. 위험, 모험 v. 모험하다	hazardous 위험한
lizard [lízərd]	n. 도마뱀	
blizzard [blízərd]	n. 강한 눈보라	
wizard [wízərd]	n. (남자) 마술사, 요술장이	witch 마녀

*ward = (방향) ~쪽으로

award [əwɔ́:rd]	v. (상벌을) 주다, 수여하다	prize 상을주다, 보답하다
reward [riwɔ́:rd]	n. 보수, 보상 v. 보답하다	recompense 보답하다
awkward [ɔ́:kwərd]	a. 서투른, 솜씨 없는, 어색한	clumsy 어색한
outward [áutwərd]	a. 외면적인, 피상의	exterior 외부의
backward [bǽkwərd]	a. 뒤쪽의 ad. 뒤쪽으로	
forward [fɔ́:rwərd]	ad. 앞쪽에, 앞으로	ahead 앞으로

기출문제

I look forward to meeting you there.

나는 거기에서 빨리 당신을 만날 것을 기대합니다.

공통어미 ⟨ar⟩로 끝나는 단어

leopard [lépərd]	*n.* 표범, 표범의 모피	
bar [ba:r]	*n.* 빗장, 창문의 살 *v.* 길을 막다	prevent 막다
jar [dʒa:r]	*n.* 항아리, 단지, 귀에 거슬리는 소리	
scar [ska:r]	*n.* 상처 *v.* 상처를 남기다	ex) emotional scars 마음의 상처
familiar [fəmíljər]	*a.* 잘 알려진, 정통해 있는, 친한	familiarly 친하게, 익숙하게 familiarity 친함, 친근함
peculiar [pikjú:ljər]	*a.* 특별한, 기묘한, 괴상한, 색다른	peculiarity 특색, 특성
vulgar [vʌ́lgər]	*a.* 상스러운, 야비한, 범속한	rude 무례한
similar [símələr]	*a.* 유사한, 비슷한	similarly 유사하게 similarity 유사성
solar [sóulər]	*a.* 태양의, 태양에 의한	반 lunar 달의
polar [póulər]	*a.* 북극(남극)의, 극지의	ex) polar bear 북극 곰
circular [sə́:rkjulər]	*a.* 원형의, 고리 모양의	circulate 돌다, 순환하다 circulation 순환
regular [régjulər]	*a.* 통상의, 일상의, 규칙적인	regulate 규정(조정)하다 regulation 규칙
popular [pápjulər]	*a.* 인기있는, 평판 좋은, 대중의	popularity 인기
peninsular [pənínsələr]	*a.* 반도의 (대륙에서 바다쪽으로 좁다랗게 나온 육지의)	
hangar [hǽŋər]	*n.* (비행기 · 비행선의) 격납고	hang 걸다
postwar [póustwɔ́:r]	*a.* 전후(戰後)의	war 전쟁

기출문제

For the most part, we like things that are familiar to us.

대체로 우리는 우리에게 친숙한 것들을 좋아한다.

암기 후 영어쪽을 가리고 우리말을 영어로 연상해 보자.

공통어미 ⟨ange⟩로 끝나는 단어	range [reindʒ]	n. 줄, 열, 범위, 한도, (가스)레인지	extent 범위
	arrange [əréindʒ]	v. 정리(정돈)하다, 배열하다	arrangement 배열
	rearrange [ri:əréindʒ]	v. 재정리하다, 재배열하다	re = again
	change [ʧéindʒ]	v. 변하다, 바꾸다, 변경(변화)하다	vary 변하다
	exchange [ikstʃéindʒ]	v. 교환하다, 교체하다	substitute 대체하다
	interchange [intə:ʧéindʒ]	v. 교환하다, 주고 받다	
공통어미 ⟨alt/ault⟩로 끝나는 단어	halt [hɔ:lt]	v. 멈춰 서다, 정지하다	terminate 끝내다
	exalt [igzɔ́:lt]	v. 높이다, 승진시키다	
	fault [fɔ:lt]	v. 결점, 과실, 잘못	faultless 과실이 없는
	assault [əsɔ́:lt]	n. 습격, 공격 v. 습격하다	invade 내습하다
공통어미 ⟨arve⟩로 끝나는 단어	carve [ka:rv]	v. 조각하다, 새기다, 새겨 넣다	shape 형성하다
	starve [sta:rv]	v. 굶주리다, 굶어 죽다	starvation 굶주림, 기아
공통어미 ⟨ance⟩로 끝나는 단어	chance [ʧa:ns]	n. 기회, 가능성, 우연, 운	opportunity 기회
	mischance [misʧá:ns]	n. 불운, 불행, 재난	accident 사건

기출문제

I'd like to exchange this sweater for another one.

이 스웨터를 다른 것으로 교환하고 싶습니다.

glance [gla:ns]	*n.* 힐끗 보기 *v.* 힐끗 보다	survey 내려다보다
finance [fáinæns]	*n.* 재정, 세입, 수입, 재원, 자금	financial 재정(금융)상의
penance [pénəns]	*n.* 고해성사, 회개, 참회	repentance 회개
elegance [éligəns]	*n.* 우아, 단정	elegant 고상(우아)한
arrogance [ǽrəgəns]	*n.* 거만, 오만	arrogant 거만(오만)한
tolerance [tálərəns]	*n.* 관용, 관대	tolerate 참다 tolerable 참을 수 있는
fragrance [fréigrəns]	*n.* 방향, 좋은 향기	fragrant 향기나는
nuisance [njú:sns]	*n.* 성가신 존재, 골칫거리	

* stance = stand(세우다)

instance [ínstəns]	*n.* 실례, 사례, 경우	instant 즉시의, 긴급한
distance [dístəns]	*n.* (떨어진) 거리, 먼 곳	distant 떨어진, 먼
substance [sʌ́bstəns]	*n.* 물질, 요지, 취지, 본체, 재산	substantial 본질적인 substantially 실질상
circumstance [sə́:rkəmstæns]	*n.* 상황, 주위 사정	situation 상황

Next day, Fredrick watched regretfully as Marshall's sled disappeared slowly in the distance.

다음날 Fredrick은 Marshall의 썰매가 저 멀리 천천히 사라지는 것을 후회스럽게 바라보았다.

**공통어미
〈ary〉로
끝나는 단어**

vocabulary [voukǽbjulèri]	*n.* 어휘, 용어 범위, 단어집	ex) vocabulary of English 영어 어휘
primary [práimeri]	*a.* 최초의, 본래의, 초보의	prime 제일의, 근본의 primitive 원시의, 초기의
summary [sʌ́məri]	*n.* 요약, 개요 *a.* 요약한	summarize 요약하다(abridge)
ordinary [ɔ́:rdənèri]	*a.* 보통의, 평범한	normal 보통의
extraordinary [ikstrɔ́:rdənèri]	*a.* 비상한, 비범한	remarkable 비상한
preliminary [prilímənèri]	*a.* 예비적인, 임시의	preparatory 예비적인
missionary [míʃənèri]	*n.* 선교사, 전도사, 사절단	mission 임무, 사명
literary [lítərèri]	*a.* 문학의, 문예의, 학문의	literacy 읽고 쓸 줄 암 literate 읽고 쓸 줄 아는
temporary [témpərèri]	*a.* 임시의, 잠깐의, 한 때의	ex) temporary address 임시 주소
contemporary [kəntémpərèri]	*a.* 동시대의, 현대의	ex) contemporary arts 현대 예술
contrary [kántreri]	*a.* 반대의, 상반되는	ex) on the contrary 반대로
military [mílitèri]	*a.* 군사의, 육군의, 군용의	militant 호전적인, 교전 상태의
voluntary [váləntèri]	*a.* 자발적인, 자유의사의	volunteer 지원자, 자원봉사자
arbitrary [á:rbətrèri]	*a.* 임의의, 멋대로의, 단독적인	arbitrarily 단독적으로

기출문제

Clothing, however, might have a temporary effect on the behavior of the child, but not a lasting effect.

그러나 옷이 아이의 행동에 일시적인 영향을 미칠 수는 있으나, 지속적인 것은 아니다.

anniversary [ænəvə́:rsəri]	n. 기념일, 기념제 a. 기념일의	ex) wedding anniversary 결혼 기념일
trial [tráiəl]	n. 재판, 공판, 시도, 시험	try 시도하다
trivial [tríviəl]	a. 하찮은, 시시한	insignificant 하찮은
loyal [lɔ́iəl]	a. 충성스러운	loyalty 충성, 성실
royal [rɔ́iəl]	a. 국왕의, 당당한	royalty 왕위, 왕권
legal [líːgəl]	a. 법정의, 법률의, 합법적인	illegal 불법적인 illegally 불법적으로
frugal [frúːgəl]	a. 검소한, 알뜰한, 검약한	frugality 절약, 검소
medieval [mìːdíːvəl]	a. 중세의, 중세풍의	ex) medieval history 중세사
municipal [mjuːnísəpəl]	a. 시의, 도시의, 지방자치의	urban 도시의
principal [prínsəpəl]	a. 주요한, 제일의 n. 교장, 회장	essential 주요한

radical [rǽdikəl]	a. 기본의, 기본적인	radically 근본적으로
medical [médikəl]	a. 의학의, 의료의, 내과의	medicine 약, 의학
chemical [kémikəl]	a. 화학의, 화학상의	chemist 화학자 chemistry 화학
technical [téknikəl]	a. 기술적인, 전문의, 특수한	technically 기술적으로
physical [fízikəl]	a. 신체의, 육체의, 물질의, 물리학의	physics 물리학 physicist 물리학자
optical [áptikəl]	a. 시각상의, 광학의	optics 광학 optician 안경점

기출문제

The material culture is made up of all the physical objects that people make and give meaning to.

물질적인 문화는 사람들이 만들고 의미를 두는 모든 물리적 객체들로 구성되어 있다.

암기 후 영어쪽을 가리고 우리말을 영어로 연상해 보자.

	vertical [və́ːrtikəl]	a. 수직의, 세로의, 직립한	upright 꼿꼿한
	local [lóukəl]	a. 장소의, 지방의, 지역적인	ex) local government 지방 자치
	skeptical [sképtikəl]	a. 의심이 많은, 회의적인	skeptic 의심 많은 사람 skepticism 회의론, 무신론
	political [pəlítikəl]	a. 정치의, 정치상의	politics 정치(학) politician 정치가
	vocal [vóukəl]	a. 소리의, 구두의, 성악의	vocalization 발성
(m)+al	**mammal** [mǽməl]	n. 포유동물	ex) marine mammals 해양 포유동물
	normal [nɔ́ːrməl]	a. 정상의, 보통의, 표준적인	ordinary 보통의 normally 보통(은), 보통 때는
	abnormal [æbnɔ́ːrməl]	a. 비정상의, 예외의	abnormality 기형, 불구
	formal [fɔ́ːrməl]	a. 공식의, 의례상의, 형식의	informal 비공식적인
	dismal [dízməl]	a. 어두운, 음침한, 무시무시한	dreary 무시무시한
	optimal [áptəməl]	a. 최선의, 최상의, 최적의	optimum 최적 조건, 최적의
(n)+al	**final** [fáinəl]	a. 최후의, 궁극의, 최종적인	finally 마침내
	terminal [tə́ːrmənəl]	n. 종착역 a. 말단의, 종말의	terminate 끝내다, 끝나다
	rational [rǽʃənəl]	a. 합리적인, 도리에 맞는	rationalism 합리주의 rationalize 합리화하다

기출문제

Tigers **normally** attack their prey from behind.

호랑이는 보통 뒤에서 먹이를 덮친다.

(r)+al

internal [intə́:rnəl]	a. 안의, 내부의	inside 내부의
eternal [itə́:rnəl]	a. 영원의, 영구의, 끝없는	eternity 영원, 영구
external [ikstə́:rnəl]	a. 외부의, 외계의, 밖의	exterior 외부의
journal [dʒə́:rnəl]	n. 일기, 일지, 신문, 잡지	journalist 언론인
liberal [líbərəl]	a. 너그러운, 관대한, 자유주의의	generous 너그러운 liberty 자유
federal [fédərəl]	a. 연합의, 연방제의	federation 연합, 동맹
general [dʒénərəl]	a. 보통의, 일반의, 총체적인	generally 대개 generalize 일반화하다
mineral [mínərəl]	n. 광석, 광물, 무기질 a. 광물의	mine 광산 / miner 광부 mining 채광
funeral [fjú:nərəl]	n. 장례식, 장의, 장례 행렬	ex) a funeral ceremony 장례식
literal [lítərəl]	a. 문자 그대로의, 문자의, 문자상의	literate 읽고 쓸 줄 아는 literacy 읽고 쓸 줄 앎
oral [ɔ́:rəl]	a. 구두의, 입의 n. 구술 시험	ex) oral test 구두 시험
moral [mɔ́:rəl]	a. 도덕의, 윤리적인 n. 교훈, 격언	morally 도덕적으로 morality 도덕, 윤리
admiral [ǽdmərəl]	n. 해군대장, 사령관	general 육군 대장
cathedral [kəθí:drəl]	n. 대성당, 큰 예배당	
neutral [njú:trəl]	a. 중립의, 공평한	neutralize 중화하다, 중립시키다
rural [rúərəl]	a. 시골의, 시골풍의, 농업의	countryside 시골 지역

기출문제

The percentage of federal and state taxes is more than 20% in the price of the product.

연방과 주의 세금의 비율은 제품 가격의 20% 이상을 차지한다.

(u)+al

plural [plúərəl]	a. 복수의 n. (문법) 복수형	singular 단수의
gradual [grǽdʒuəl]	a. 점차적인, 서서히 하는	gradually 점진적으로
individual [ìndəvídʒuəl]	a. 개인적인, 개별적인	individually 개인적으로 idividualism 개인주의
lingual [líŋgwəl]	a. 혀의, 말의, 언어의	linguist 언어학자
annual [ǽnjuəl]	a. 1년의, 해마다의	annually 매년
manual [mǽnjuəl]	a. 손의, 손으로 하는, 수동의	ex) manual worker 육체 노동자
casual [kǽʒuəl]	a. 우연한, 부주의한, 격식 없는	casualty 사상자, 부상자
visual [víʒuəl]	a. 시각의, 눈에 보이는	visualize 눈에 보이게 하다 visualization 시각화(상상)
ritual [rítʃuəl]	n. (종교적) 의식 a. 의식의, 관습의	rite 종교적 의식
punctual [pʌ́ŋkʧuəl]	a. 시간을 지키는, 시간을 엄수하는	punctually 시간을 엄수하여 punctuality 시간 엄수
perpetual [pərpéʧuəl]	a. 영원한, 끊임 없는	eternal 영원한
mutual [mjúːʧuəl]	a. 상호간의, 공통의	ex) mutual dependence 상호 의존

(t)+al

capital [kǽpətl]	n. 수도, 서울, 대문자, 자본	capitalism 자본주의 capitalist 자본주의자
vital [váitl]	a. 생명의, 생명있는	vitality 생명력, 활기
mental [méntl]	a. 정신의, 지적인	mentality 심성, 심리 mentally 정신적으로
mortal [mɔ́ːrtl]	a. 죽을 운명의, 치명적인	mortality 죽을 운명 immortal 불사의

공통어미 〈ax〉로 끝나는 단어	ax [æks]	n. 도끼 v. 삭감하다	hatchet 도끼
	tax [tæks]	n. 세금, 조세 v. 세금을 부과하다	tariff 관세표
	wax [wæks]	n. 밀랍 a. 밀랍의 v. 밀랍을 먹이다	
	relax [riléks]	v. 쉬다, 긴장을 풀다	relaxation 긴장을 품, 휴양
	climax [kláimæks]	n. 최고조, 절정	the highest point
공통어미 〈ix〉로 끝나는 단어	fix [fiks]	v. 고정시키다, 수리하다	ex) fix a radio 라디오를 수리하다 fixed 고정된
	mix [miks]	v. 섞다, 혼합하다	mixed 뒤섞인 mixture 혼합(물)
	suffix [sʌ́fiks]	n. 접미사, 접미어	
	prefix [prí:fiks]	n. 접두사	
공통어미 〈ell〉로 끝나는 단어	cell [sel]	n. 세포, 작은 방	ex) cell division 세포 분열
	hell [hel]	n. 지옥	ex) heaven and hell 천국과 지옥
	dwell [dwel]	v. 살다, 거주하다	dwelling 집, 거주 dweller 거주자
	swell [swel]	v. 부풀다 n. 부풀기	well ad. 잘 a. 건강한

기출문제

If you are learning to fix an automobile engine,
both knowledge and practice are important.
만약 당신이 자동차 엔진을 고치는 것을 배우고 있다면
지식과 실습 모두 중요하다.

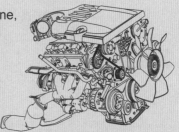

암기 후 영어쪽을 가리고 우리말을 영어로 연상해 보자.

공통어미
〈end〉로
끝나는 단어

bend [bend]	v. ~을 구부리다, 굽히다	bent 굽은, 마음이 쏠린
lend [lend]	v. 빌려주다, 대부하다	lender 대부업자 🔄 borrow 빌리다
mend [mend]	v. ~을 고치다, 개선(수선)하다	repair 수선하다
vend [vend]	v. 판매하다	vender 행상인
tend [tend]	v. 돌보다, ~하기 쉽다	protect 보호하다
blend [blend]	v. 혼합하다, 섞다	mix 섞다 blender 믹서기
spend [spend]	v. 소비(낭비)하다, 시간을 보내다	consume 소비하다
trend [trend]	n. 경향, 추세 v. 기울다, 향하다	tendency 경향
defend [difénd]	v. 막다, 지키다, 방어하다	defense 방어, 수비
offend [əfénd]	v. 감정을 해치다, 비위를 건드리다	offense 공격, 위반, 반칙 offensive 공격적인
amend [əménd]	v. ~을 고치다, 변경(수정)하다	amendment 수정, 개정
commend [kəménd]	v. 위탁(추천)하다, 칭찬하다	recommend 추천하다
apprehend [æprihénd]	v. 이해하다, ~을 체포하다, 붙잡다	apprehension 이해, 우려 apprehensive 불안한
comprehend [kàmprihénd]	v. 이해하다, 포괄하다	comprehensive 이해력이 있는 comprehensible 이해할 수 있는

기출문제

People all around the world spend an average of 1.1 hours on the road each day.

전 세계 사람들은 하루 평균 1.1시간을 도로 위에서 소비한다.

recommend [rèkəménd]	v. 추천(충고)하다, 위탁하다	recommendation 추천, 권장

* pend = hang(매달리다)

depend [dipénd]	v. 의존하다, ~에 달려 있다	dependence 의존, 의뢰 dependent 의존하는
expend [ikspénd]	v. 소비하다, 쓰다	expense 지출 expensive 값비싼
suspend [səspénd]	v. ~을 매달다, 걸다, 미루다	suspension 매달기, 미결

* scend = go(가다)

ascend [əsénd]	v. 오르다, 상승하다	ascent 상승
descend [disénd]	v. 내리다, 하강하다	descent 강하, 하락 descendent 자손, 후예
condescend [kàndəsénd]	v. 자신을 낮추다, 겸손하다	condescension 겸손 condescending 겸손한

* tend = stretch(뻗다)

attend [əténd]	v. 출석(참석)하다, 시중 들다	attendance 출석, 참석 attendant 참석자
contend [kənténd]	v. 다투다, 싸우다, 논쟁하다	contention 말다툼, 논쟁
intend [inténd]	v. ~할 작정이다, 의도하다	intentional 고의의
pretend [priténd]	v. ~인 체하다, ~처럼 보이게 하다	ex) pretend to know 아는 체하다
extend [iksténd]	v. 넓히다, 뻗다	extension 확장, 연장 extensive 광범위한

기출문제

He did not attend school till he was nine, but he was taught at home by a British tutor.

그는 9살 때까지 학교에 출석하지 않았지만, 집에서 영국인 가정교사에게 교육을 받았다.

암기 후 영어쪽을 가리고 우리말을 영어로 연상해 보자.

공통어미
〈ence〉로
끝나는 단어

hence [hens]	*ad.* 지금으로 부터, 향후	ex) fifty years hence 지금부터 50년 후
conference [kánfərəns]	*n.* 회의, 상담, 협의	confer (수여·협의)하다
science [sáiəns]	*n.* 과학, 학술, 자연과학	scientific 과학적인 scientist 과학자
audience [ɔ́:diəns]	*n.* 청중, 지지자, 듣기	audible 들을 수 있는 inaudible 알아 들을 수 없는
convenience [kənví:njəns]	*n.* 편의, 이익, 편리함	convenient 편리한 inconvenience 불편
influence [ínfluəns]	*n.* 영향력, 세력	influential 영향력 있는
essence [ésns]	*n.* 본질, 핵심	essential 필수의, 본질적인 essentially 본질적으로
sentence [séntəns]	*n.* 문장, 결정 *v.* 판결하다	condemn 형을 선고하다
commence [kəméns]	*v.* 시작하다, 개시하다	commencement 개시
evidence [évədəns]	*n.* 증거, 징표 *v.* 입증하다	evident 분명한, 명백한
violence [váiələns]	*n.* 폭력, 격렬함, 폭행	violent 격렬한, 폭력적인 nonviolent 비폭력의
eminence [émənəns]	*n.* 탁월, 고귀, 높은 곳	eminent 저명한, 뛰어난 imminent 절박한
sequence [sí:kwəns]	*n.* 이어짐, 계속	ex) a natural sequence 당연한 귀결
consequence [kánsəkwèns]	*n.* 결론, 결과, 중대성	consequently 결과적으로

기출문제

What the actor fails to transmit immediately is lost forever to the audience.

연기자가 바로 전달하지 못한 것은 관객에게는 영원히 잃어버린 것이다.

공통어미 ⟨ed⟩로 끝나는 단어	subsequence [sʌ́bsikwəns]	*n.* 뒤이어 일어남	subsequent 그 후의 sebsequently 후에, 이어서
	shed [ʃed]	*n.* 오두막, 헛간 *v.* 피를 흘리다	hut 오두막
	sled [sled]	*n.* 썰매, 소형 썰매	sledge 썰매
	naked [néikid]	*a.* 벌거벗은, 나체의	ex) a naked body 나체
	wicked [wíkid]	*a.* 사악한, 나쁜, 심술 궂은	wickedness 사악함
	sacred [séikrid]	*a.* 신성한, 종교적인	divine 신성한
공통어미 ⟨esh⟩로 끝나는 단어	embed [imbéd]	*v.* 파묻다, 깊숙이 박다, 새겨 넣다	
	flesh [fleʃ]	*n.* 고기, 살, 식육, 육욕	soul혼, 넋
	fresh [freʃ]	*a.* 새로운, 신선한, 상쾌한	ex) fresh fruit 신선한 과일
	refresh [rifréʃ]	*v.* 상쾌하게 하다, 새롭게 하다	renew 새롭게하다
공통어미 ⟨eck⟩로 끝나는 단어	deck [dek]	*n.* 갑판, (객차의)지붕 *v.* 장식하다	ex) a room decked with flowers 꽃으로 꾸민 방
	peck [pek]	*v.* 부리로 쪼다, 쪼아서 파다	
	speck [spek]	*n.* 작은 반점, 오점 *v.* 반점을 찍다	
	wreck [rek]	*n.* 망가뜨리다, 난파시키다	wreckage 잔해

기출문제

The sacred text at the center of Christianity is the Bible.

기독교의 중심에 있는 신성한 책이 바로 성경이다.

암기 후 영어쪽을 가리고 우리말을 영어로 연상해 보자.

공통어미
⟨el⟩로
끝나는 단어

duel [djúːəl]	n. 결투, 싸움, 승부	duelist 결투자
fuel [fjúːəl]	n. 연료 v. 연료를 공급하다	ex) fossil fuel 화석 연료
cruel [krúːəl]	a. 잔인한, 잔혹한, 지독한	cruelty 잔학함
jewel [dʒúːəl]	n. 보석 v. 보석으로 장식하다	jewelry 보석류 jeweler 보석상
vowel [váuəl]	n. 모음, 모음자 a. 모음의	반 consonant 자음
rebel n.[rébəl], v.[ribél]	n. 모반자, 반역자 v. 모반하다	rebellion 모반
cancel [kǽnsəl]	v. 취소하다, 삭제하다	eliminate 제거하다
excel [iksél]	v. 남을 능가하다, 뛰어나다	excellent 뛰어난, 훌륭한
counsel [káunsəl]	n. 충고, 조언, 고문, v. 상담하다, 충고(조언)하다	counseling 개인 상담 counselor 카운셀러
vessel [vésəl]	n. 용기, 그릇, 혈관, (대형의) 배	ex) blood vessel 혈관
parallel [pǽrəlèl]	a. 같은 방향의, 일치하는, 대응의	similar 유사한
panel [pǽnəl]	n. 패널, 벽판, 틀, 계기판, 화판	
channel [tʃǽnəl]	n. 해협, 수로, 경로	ex) a rocky channel 바위가 많은 해협
laurel [lɔ́ːrəl]	n. 월계수, 월계관	

기출문제

Any reader who feels she or he needs legal advice should consult legal counsel.

법률적 조언이 필요하다고 생각하는 독자는 법적 자문을 상담 받아야 한다.

quarrel [kwɔ́:rəl]	*n.* 싸움, 다툼 *v.* 싸우다, 다투다	dispute 논쟁하다	
level [lévəl]	*a.* 평평한, 수평의, 균등한	ex) at eye level 눈높이에	
novel [návəl]	*n.* 소설 *a.* 새로운, 신기한	novelty 새로움, 진기함 novelist 소설가	
marvel [má:rvəl]	*n.* 경이 *a.* 놀라운 *v.* 경탄하다	marvelous 놀라운	
travel [trǽvəl]	*n.* 여행 *v.* 여행하다	traveler 여행자	
shovel [ʃʌ́vəl]	*n.* 삽, 가래 *v.* 삽으로 푸다		

(p)+el

compel [kəmpél]	*v.* 강요하다, 억지로 ~시키다	coerce 강요하다
expel [ikspél]	*v.* 추방하다, 내쫓다, 버리다	exile 추방하다
impel [impél]	*v.* 강요하다, 다그치다	enforce 강요하다
propel [prəpél]	*v.* 추진하다, 몰아내다	propeller 추진기
repel [ripél]	*v.* 격퇴하다, 물리치다	ex) repel temptation 유혹을 억누르다

**공통어미
〈gen〉으로
끝나는 단어**

hydrogen [háidrədʒən]	*n.* 수소	ex) hydrogen bomb 수소 폭탄
nitrogen [náitrədʒən]	*n.* 질소	
oxygen [áksidʒen]	*n.* 산소	

Loneliness can be uprooted and expelled.

외로움은 뿌리 뽑혀 제거될 수 있다

암기 후 영어쪽을 가리고 우리말을 영어로 연상해 보자.

공통어미 〈em/emn〉 으로 끝나는 단어	**stem** [stem]	*n.* 줄기, 대, 종족, 혈통 *v.* 유래하다	위 originate 유래하다
	system [sístəm]	*n.* (학문의) 체계, (사회조직의) 제도	위 procedure 절차
	item [áitəm]	*n.* 항목, 조항, 세목	itemize 항목별로 나누다
	solemn [sáləm]	*a.* 진지한, 엄숙한	ex) a solemn face 엄숙한 얼굴
	condemn [kəndém]	*v.* 비난하다, 운명짓다 선고하다	위 reproach 비난하다
공통어미 〈ess〉로 끝나는 단어	**bless** [bles]	*v.* ～에게 은총내리다, 축복하다	celebrate 축하하다
	press [pres]	*n.* 출판물 *v.* 누르다, 다림질하다	pressure 압력, 압박
	stress [stres]	*n.* 압박, 강조 *v.* 압박하다, 강조하다	emphasize 강조하다
	guess [ges]	*v.* 추측하다, ～라고 생각하다	surmise 추측하다
	access [ǽkses]	*n.* 접근, 입구, 면접	gate-way 관문
	success [səksés]	*n.* 성공, 입신, 출세	succeed 성공하다 succession 계승, 연속
	recess [rises]	*n.* 휴식, 휴회, 휴게 *v.* 휴식하다	pause 잠시 멈추다
	process [práses]	*n.* 진행, (시간의) 경과	proceed 나아가다 procession 행진
	excess [iksés]	*n.* 초과, 과잉, 과다	exceed 초과하다 excessive 초과(능가)하는

기출문제

Many of your day-to-day judgments and guesses depend on your experience.

하루하루 당신의 여러 판단과 추측은 당신의 경험에 의존하는 것이다.

*fess = 고백하다

confess [kənfés]	v. 인정하다, 고백하다	confession 자백, 고백
profess [prəfés]	v. 공언하다, 고백하다	declare 공언하다

*gress = go(가다)

congress [káŋgris]	n. 회의, 대회 (미) 의회	assembly 회의
progress [prágres]	n. 전진, 진행, 진보 v. 진보하다	progressive 점진적인 progressively 점진적으로
aggress [əgrés]	v. 공격하다, 시비를 걸다	aggression 공격, 침략 aggressive 공격적인

*press = 밀어내다

impress [imprés]	v. 인상을 주다, 도장을 찍다	impression 인상, 감명 impressive 감동(인상)적인
compress [kəmprés]	v. 압축하다, 줄이다	compression 압축 compressor 압축기
oppress [əprés]	v. 억압하다, 학대하다	oppression 압박, 억압
express [iksprés]	v. 표현하다, 드러내다 n. 급행 열차	expression 표현, 표정 expressive 표현력이 풍부한
suppress [səprés]	v. 억압하다, 진압하다, 억제하다	suppression 억압
depress [diprés]	v. 낙담하게 하다, 우울하게 하다	depression 의기소침 depressed 풀이 죽은

암기 후 영어쪽을 가리고 우리말을 영어로 연상해 보자.

공통어미 〈ess〉로 끝나는 단어

* sess = have(가지다)

possess [pəzés]	*v.* 가지다, 소유하다	possession 소유(물), 재산
assess [əsés]	*v.* 조사하다, 평가하다	ex) assess the damage of a accident 사고의 손실을 조사하다
obsess [əbsés]	*v.* 강박관념에 사로잡히다	ex) obsession 강박관념
ruthless [rú:θlis]	*a.* 무자비한, 냉정한	cruel 잔인한
reckless [rékləs]	*a.* 무모한, 무분별한, 신중하지 못한	
harness [há:rnis]	*n.* 마구, 고삐 *v.* 마구를 달다	
witness [wítnis]	*n.* 목격자, 증거, 증언 *v.* 목격하다	testimony 증거

공통어미 〈et〉로 끝나는 단어

pet [pet]	*n.* 애완동물 *v.* 귀여워하다	favorite 좋아하는
covet [kʌ́vit]	*v.* 몹시 탐내다, 갈망하다	covetous 몹시 탐내는
poet [póuit]	*n.* 시인	poetry 시, 운문, 시집 poem 시, 운문
diet [dáiət]	*n.* 규정식, 식이요법	dietary 음식의, 식이요법의
quiet [kwáiət]	*a.* 조용한, 편안한, 한적한	quietly 조용히

기출문제

The Chinese diet varies from region to region.

중국 음식은 지역마다 다르다.

upset [ʌpsét]	*a.* 뒤집힌 *v.* 뒤집어 엎다	disturb 어지럽히다
asset [ǽset]	*n.* 재산, 자산	property 재산
closet [klázit]	*n.* 벽장, 찬장, 작은방	close 닫다
budget [bʌ́dʒit]	*n.* 예산안 *v.* 예산을 세우다	schedule 예정(표)
bullet [búlit]	*n.* 탄환, 총탄	bull 황소
comet [kámit]	*n.* 혜성	
planet [plǽnit]	*n.* 행성, 유성	plan(계획) + et
banquet [bǽŋkwit]	*n.* 연회 *v.* 잔치를 베풀다	ex) a wedding banquet 결혼 피로연
interpret [intə́ːrprit]	*v.* 해석하다, 통역하다	interpreter 통역자 interpretation 해석, 통역
trumpet [trʌ́mpit]	*n.* 나팔, 트럼펫	trumpeter 나팔수

암기 후 영어쪽을 가리고 우리말을 영어로 연상해 보자.

공통어미
〈ect〉로
끝나는 단어

| **con**nect [kənékt] | v. 잇다, 연결하다, 이어지다 | connection 연결, 관계 |

* sect = cut

| **in**sect [ínsekt] | n. 곤충, 벌레 | small creature 곤충 |
| **inter**sect [íntərsékt] | v. 가로지르다, 횡단하다 | intersection 교차, 횡단 |

* fect = make

defect [díːfekt]	n. 결점, 단점,약점 v. 이탈하다	fault 결점
infect [infékt]	v. 전염시키다, 감염시키다	infection 전염, 감염 infectious 전염성의
perfect a./n.[pə́ːrfikt], v.[pərfékt]	a. 완전한, 정확한 v. 완료(완성)하다	perfection 완성, 안전 imperfect 불완전한
affect n.[ǽfekt], v.[əfékt]	v. ~에 영향을 미치다, 감동시키다 n. 감정	affection 사랑, 애정
effect [ifékt]	n. 결과, 효력 v. ~을 초래하다	effectual 효과적인 effectually 효과적으로

* ject = throw(던지다)

project [prɑ́dʒekt]	n. 계획, (연구)과제 v. 계획하다	scheme 계획
inject [indʒékt]	n. 주입(도입)하다 v. 주사하다	injection 주사, 주입
object n.[ɑ́bdʒikt], v.[əbdʒékt]	n. 물체, 목적 v. 반대하다	objective 객관적인 objectively 객관적으로

기출문제

A moving object continues to move unless some force is used to stop it.

움직이는 물체는 이를 멈추게 하는 어떤 힘이 작용되지 않으면 계속해서 움직인다.

subject n.[sʌ́bdʒikt], v.[səbdʒékt]	n. 주제, 학과, 과목 v. 복종(종속)시키다	subjective 주관적인

* lect = choose (고르다)

dialect [dáiəlèkt]	n. 방언, 사투리	slang 속어
select [silékt]	v. 고르다, 선발하다	selection 선발, 선택
neglect [niglékt]	n. 태만, 무시 v. 경시하다	negligent 태만한 negligence 태만
intellect [íntəlèkt]	n. 지성, 지능 지식인	intellectual 지적인 intelligent 총명한
collect [kəlékt]	v. 수집하다, 모으다	collection 수집(물질명사)
recollect [rèkəlékt]	v. 회상하다, 기억하다	recollection 회상, 상기

* spect = look (보다)

aspect [ǽspekt]	n. 외관, 모양, 광경, 국면	appearance 외관
respect [rispékt]	n. 존중, 존경 v. 존경하다	esteem 존경하다 respectable 존경할 만한
inspect [inspékt]	v. 검사(검열)하다, 조사하다	inspection 조사, 검사
prospect [práspekt]	n. (성공의) 가망 전망, 기대	prospective 기대되는
suspect [səspékt]	v. ~을 수상하게 여기다, 억측하다	suspicion 혐의 suspicious 의심하는
expect [ikspékt]	v. 예상(기대)하다	expectation 예상, 기대 expectant 기대하는
retrospect [rétrəspèkt]	n. 회상 v. 회고하다	retrospective 회고의

기출문제

If you want to diet, you should consult a physician because it is difficult for selecting a proper diet.

적절한 식이요법을 선택하는 것은 어렵기 때문에 네가 다이어트를 하고 싶다면 의사와 상담해야 한다.

암기 후 영어쪽을 가리고 우리말을 영어로 연상해 보자.

공통어미 〈ect〉로 끝나는 단어

* **rect** = 이끌다

erect [irékt]	*a.* 직립한 *v.* 똑바로 세우다	construct 건축하다
direct [dirékt | dai-]	*v.* 지도하다, 통제하다, 가리키다	direction 방향, 지시
correct [kərékt]	*n.* 고치다, 교정하다	correction 정정, 수정 correctly 올바르게

* **tect** = **cover**(덮다)

detect [ditékt]	*v.* 찾아내다, 발견하다	detective 탐정, 형사 detection 발견, 간파
protect [prətékt]	*v.* 지키다, 보호하다	protective 보호(방어)하는 protection 보호
architect [á:rkətèkt]	*n.* 건축가, 설계자, 계획자	architecture 건축술(학) architectural 건축의

공통어미 〈ein/eign〉 으로 끝나는 단어

rein [rein]	*n.* 고삐 *v.* 억제하다	control 억제하다
vein [vein]	*n.* 정맥, (식물의) 잎맥	동음어 vain 무익한 useless
protein [próuti:n]	*n.* 단백질 *a.* 단백질의	ex) essential proteins 필수 단백질
feign [fein]	*v.* 가장하다, ~인 체하다	pretend ~인체하다
reign [rein]	*n.* 지배, 통치 *v.* 지배하다	govern 통치하다
foreign [fɔ́:rən]	*a.* 외국의, 낯선	foreigner 외국인

기출문제

Did you put up a notice to protect passerby from accidents?

통행자를 사고로부터 보호하기 위해 표지판을 세웠습니까?

	sovereign [sávərin]	*a.* 최고의, 주권을 가진 *n.* 군주	
	rent [rent]	*n.* 임대료 *v.* 빌리다	rental 임대료
	vent [vent]	*n.* 환기구멍, (감정의) 표출 *v.* 구멍을 내다	expel 분출하다
	scent [sent]	*n.* 냄새, 향기, 향수 *v.* 냄새 맡다	perfume 향기
	repent [ripént]	*v.* 후회하다, 뉘우치다	repentance 후회 repentant 후회하는
(c)+ent	**flu**ent [flú:ənt]	*a.* 유창한, 거침 없는	fluently 유창하게 fluency 유창
	decent [dí:snt]	*a.* 예의 바른, 도덕성 을 갖춘	decency 예의 바름 decently 품위 있게
	recent [rí:snt]	*a.* 최근의, 근대의, 근래의	recently 최근에, 요즘에
	innocent [ínəsnt]	*a.* 무죄의, 순진한	innocence 무죄, 결백
	reminiscent [rèmənísnt]	*a.* 추억에 잠기는, 생각나게 하는	reminiscence 추억
	magnificent [mæqnífəsnt]	*a.* 웅대한, 장엄한	magnificence 장엄함
(s)+ent	**res**ent [rizént]	*v.* 분개하다	resentment 분개, 분노 resentful 분개한
	present [prizént]	*n.* 증정(선사)하다, 나타내다	donate 증정하다
	represent [rèprizént]	*v.* 의미(상징)하다, ~을 대표하다	representative 대표자 representation 표시, 대표
	consent [kənsént]	*v.* 동의하다, 찬성(승인)하다	agree 동의하다
(t)+ent	**pot**ent [póutənt]	*a.* 힘센, 강력한, 세력 있는	potential 가능한
	content n.[kántent], a.[kəntént]	*n.* 내용물, 목차, 요지 *a.* 만족하는	contentment 만족
	intent [intént]	*n.* 의지, 의도, 목적	intention 의도, 목적 intentional 고의의

암기 후 영어쪽을 가리고 우리말을 영어로 연상해 보자.

(v)+ent

prevent [privént]	v. 예방(방지)하다, ~을 막다	prevention 방지, 예방 preventive 예방의
invent [invént]	v. 발명하다, 창안(창작)하다	invention 발명 inventive 독창적인
convent [kánvent]	n. 수도원, 수녀원	convention 집회, 모임 conventional 인습적인
advent [ǽdvent]	n. 출현, 도래	
event [ivént]	n. 사건, 행사, 사변, (계획된)사건	ventual 종국의, 최후의 eventually 결국

(d)+ent

accident [ǽksidənt]	n. 사고, 뜻밖의 사건, 재난	calamity 재난
incident [ínsədənt]	n. 사건, 생긴 일, 우발적인 사건	incidental 우발적인, 우연의
resident [rézədənt]	n. 거주자, 주재 사무관	reside 살다, 거주하다 residence 주거, 거주
evident [évədənt]	a. 명백한, 뚜렷한, 분명한	evidence 증거 evidently 분명히
prudent [prú:dənt]	a. 신중한, 조심성 있는, 분별있는	sensible 분별있는
impudent [ímpjudənt]	a. 뻔뻔스러운, 건방진	impudence 뻔뻔스러움

(m)+ent

parliament [pá:rləmənt]	n. 회의, 국회, (영국) 의회	parliamentary 회의의
document [dákjumənt]	n. 문서, 증서, 서류	documentary 문서의, 서류의, 기록 영화
ornament [ɔ́:rnəmənt]	n. 장식품, 꾸밈 v. 꾸미다	ornamentation 장식 (decoration)

기출문제

Sometimes an author may vary his or her style by presenting the incidents out of their natural order.

가끔씩 작가는 자연적인 순서에서 벗어나도록 사건을 기술함으로써 자신의 스타일에 변화를 줄 수도 있다.

temperament [témpərəmənt]	*n.* 기질, 성질, 체질	temper 기질, 성질
testament [téstəmənt]	*n.* 유언, 유서, 유언장, (성서) 계약	the New Testament 신약 the Old Testament 구약
element [éləmənt]	*n.* 요소, 성분, 구성(유추)	elementary 기초의, 초보의
implement [ímpləmənt]	*n.* 연장, 도구 *v.* 이행하다	ex) farm implements 농기구
fragment [frǽgmənt]	*n.* 조각, 파편	scrap 작은 조각
experiment [ikspérəmənt]	*n.* 실험, 시험 *v.* 실험하다	experimental 실험적인 experience 경험
monument [mánjumənt]	*n.* 기념비, (역사적) 유적	monumental 기념비의
garment [gáːrmənt]	*n.* 겉옷, 의복, 의류	clothes 의복
department [dipáːrtmənt]	*n.* 부문, 부분, 영역, 부(部)	depart 출발하다 departure 출발
instrument [ínstrəmənt]	*n.* 기구, 기계, 악기	instrumental 기계의
supplement [sʌ́pləmənt]	*n.* 보충, 부록, 추가	supply 보충하다 supplementary 보충의
torment n.[tɔ́ːrment], v.[tɔːrmént]	*n.* 고통, 가책 *v.* 괴롭히다	pain 아픔, 고통
ferment n.[fɔ́ːrment], v.[fərmént]	*n.* 효소, 발효 *v.* 발효하다	fermentation 발효
comment [kámənt]	*n.* 주석, 설명 *v.* 논평하다	ex) comment on a text 본문의 주석
lament [ləmént]	*v.* 슬퍼하다, 한탄하다	lamentable 슬픈, 한탄스러운

암기 후 영어쪽을 가리고 우리말을 영어로 연상해 보자.

(n)+ent			
	permanent [pə́:rmənənt]	*a.* 영구한, 불변의	everlasting 영원한
	eminent [émənənt]	*a.* 신분이 높은, 저명한, 우수한	eminence 저명
	imminent [ímənənt]	*a.* 절박한, 촉박한, 임박한	ex) imminent danger 바로 눈 앞에 닥친 위험
	prominent [prámənənt]	*a.* 눈에 띄는, 현저한, 탁월한	outstanding 눈에 띄는
	continent [kántənənt]	*n.* 대륙, 육지, 본토	continental 대륙의
	pertinent [pə́:rtənənt]	*a.* 타당한, 적절한	appropriate 적절한
(g)+ent	**a**gent [éidʒənt]	*n.* 대리인, 대리점	agency 대리점
	urgent [ə́:rdʒənt]	*a.* 긴급한, 절박한	urge 재촉하다
	detergent [ditə́:rdʒənt]	*n.* 세제, 합성세제, 세정제	ex) laundry detergent 세탁용 세제
(l)+ent	**equiva**lent [ikwívələnt]	*a.* 같은, 동등한	equal 동등한
	violent [váiələnt]	*a.* 격심한, 과격한 맹렬한	violence 폭력, 폭행 nonviolent 비폭력의
	pestilent [péstələnt]	*a.* 유독한	pestilence 해독
(r)+ent	**tor**rent [tɔ́:rənt]	*n.* 급류, 소나기, 폭우	flood 홍수 rent 집세
	current [kə́:rənt]	*a.* 현재의, 통용하고 있는, 유행의	currency 유통, 통화 currently 지금은, 현재는

기출문제

Apparently, the higher the temperature, the more intense the flavor.

온도가 높을수록 맛이 더 강렬해지는 것은 분명하다.

	inherent [inhíərənt]	*a.* 타고난, 고유의	inborn 타고난
	apparent [əpǽrənt]	*a.* 명백한, 눈에 보이는, 외견의	apparently 분명히
	transparent [trænspéərənt]	*a.* 투명한, 명료한, 평이한	transparence 투명
(qu)+ent	**fre**quent [frí:kwənt]	*a.* 빈번한 *v.* 자주 가다	frequency 자주 일어남, 빈번
	sequent [sí:kwənt]	*a.* 잇달아 일어나는	sequence 연속, 결과, 결론
	consequent [kánsəkwènt]	*a.* 필연의, 결과로서, 일어나는	consequently 결과적으로 consequence 결과, 결론
	eloquent [éləkwənt]	*a.* 능변의, 말 잘하는	eloquence 웅변
(i)+ent	**ingre**dient [ingrí:diənt]	*n.* 구성(유추)요소, (요리의) 재료	component 구성 요소
	efficient [ifíʃənt]	*a.* 유능한, 능률적인, 적임의	efficiently 능률적으로
	deficient [difíʃənt]	*a.* 부족한, 모자라는	deficiency 부족 deficit 부족, 결손
	sufficient [səfíʃənt]	*a.* 충분한, 족한	sufficiency 충분 sufficiently 충분히
	proficient [prəfíʃənt]	*a.* 숙달한, 능숙한	proficiency 능숙, 숙달
	ancient [éinʃənt]	*a.* 태고의, 옛날의	ancestor 선조, 조상
	patient [péiʃənt]	*a.* 참을성 있는, 견딜만한	patience 인내 ⟺impatience 성급함

But when you're making a decision, following your instincts is necessary
but not **sufficient**.

그러나 결단을 내릴 때 스스로의 직관에 따르는 것은 필요하지만 충분하지는 않다.

암기 후 영어쪽을 가리고 우리말을 영어로 연상해 보자.

공통어미
〈est〉로
끝나는 단어

pest [pest]	*n.* 유해물, 해충, 골칫 덩어리	annoyance 골칫거리
rest [rest]	*n.* 휴식, 안정 *v.* 쉬다, 휴식하다	relax 쉬다
manifest [mǽnəfèst]	*a.* 명백한, 뚜렷한 *v.* 명백히 하다	obvious 명백한
digest [didʒést, dai-]	*v.* 소화하다, ~의 뜻을 음미하다	digestion 소화 digestible 소화하기 쉬운
suggest [səgdʒést]	*v.* ~을 암시하다, 제안(제의)하다	suggestion 제안, 암시
arrest [ərést]	*v.* 체포하다, 억류하다, 붙잡다	restrain 억제하다
contest n.[kántest], v.[kəntést]	*n.* 다툼, 싸움, 경쟁 *v.* 경쟁하다	contestant 경쟁자 test 시험
detest [ditést]	*v.* 미워하다, 몹시 싫어하다	detestation 혐오, 증오
protest n.[próutest], v.[prətést]	*n.* 항의, 주장 *v.* 항의(주장)하다	protestation 항의 protestant 신교도

＊**quest = seek**(구하다)

conquest [kánkwest]	*n.* 정복, 획득, 점령지	conquer 정복하다 conqueror 정복자
request [rikwést]	*n.* 요구, 요망, 요청 *v.* 요청하다	require 요구하다
invest [invést]	*v.* 투자하다, 돈을 쓰다	investment 투자 investor 투자자
harvest [há:rvist]	*n.* 수확(기) *v.* 거두어 들이다	reap 수확하다

기출문제

We're trying to form a strong committee, and I've been asked to request you to join it.

우리는 강력한 위원회를 만들려고 하고 있고 내가 당신에게 참여하라고 요청하는 일을 맡았다.

	interest [íntərist]	*n.* 흥미, 이익, 이자	ex) interesting 재미있는
공통어미 〈ete〉로 끝나는 단어	**obso**lete [àbsəlíːt]	*a.* 사용되지 않는, 구식의	
	athlete [ǽθliːt]	*n.* 경기자, 운동선수	athletic 운동의, 운동 경기의 athletics 운동 경기
	complete [kəmplíːt]	*a.* 완전한, 완성된 *v.* 완성하다	completion 성취, 완성
	deplete [diplíːt]	*v.* 고갈시키다	depletion 고갈, 소모
	concrete n./a.[kánkriːt], v.[kankríːt | kən-]	*a.* 구체적인 *n.* 콘크리트 *v.* 굳히다, 응고시키다	ex) concrete evidence 구체적인 증거
	compete [kəmpíːt]	*v.* 경쟁하다, 다투다	competition 경쟁 competitive 경쟁의
공통어미 〈ead〉로 끝나는 단어	**dr**ead [dred]	*n.* 두려움, 공포 *v.* 무서워하다	terror 공포
	thread [θred]	*n.* 실, 섬유 *v.* 실을 꿰다	
	spread [spred]	*v.* 펼치다, 늘이다 *n.* 확대	widespread 넓게 펼쳐진
	tread [tred]	*v.* 밟다, 짓밟다 걷다	ex) tread under foot 짓밟다
	forehead [fɔ́ːrhèd]	*n.* 이마, 전면, 앞부분	foretell 예언하다 forecast 예보하다
	overhead [óuvərhèd]	*a.* 머리 위의 *ad.* 머리 위에	overcome 이겨내다 overflow 넘쳐 흐르다
	widespread [waidspred]	*a.* 광범위한, 널리 보급된	wide 넓은 + spread 퍼지다

기출문제

They floated completely along the North Pacific currents.

그들은 북태평양 해류를 따라 완전히 떠다녔다.

암기 후 영어쪽을 가리고 우리말을 영어로 연상해 보자.

공통어미 〈eak〉로 끝나는 단어	leak [li:k]	*n.* 새는 구멍 *v.* 물이 새다	leaky 새는
	peak [pi:k]	*n.* 봉우리, 절정 *v.* 절정에 달하다	summit 꼭대기
	sneak [sni:k]	*v.* 몰래 움직이다, 몰래 ~하다	sneaky 몰래하는
	creak [kri:k]	*v.* 삐걱거리다 *n.* 삐걱대는 소리	squeak 삐걱거리다
	streak [stri:k]	*n.* 줄, 무늬, 줄무늬	line of color
	squeak [skwi:k]	*n.* 찍찍(앙앙) 소리 *v.* 앙앙 울다	
공통어미 〈each〉로 끝나는 단어	reach [ri:ʧ]	*v.* ~에 닿다, 도착하다, 뻗다	extend 뻗다
	preach [pri:ʧ]	*v.* 설교하다, 전도하다	preacher 설교자, 전도사 preachment 설교
	bleach [bli:ʧ]	*v.* 표백하다, 하얗게하다	whiten 하얗게하다
공통어미 〈ean〉으로 끝나는 단어	lean [li:n]	*v.* 기울다, 경사지다, 기대다	rely 기대다
	mean [mi:n]	*v.* 의미하다 *a.* 천한, 비열한	meaningful 의미있는 meaning 의미, 뜻
	means [mi:nz]	*n.* 수단, 방법, 자금, 재력	wealth 재산
	clean [kli:n]	*a.* 깨끗한, 청결한 *v.* 정화하다	purify 정화하다

기출문제

He had no choice but to lean toward his partner and whisper out of the corner of his mouth.

그는 자신의 파트너 쪽으로 몸을 기울여 입가로 소곤댈 수밖에 없었다.

공통어미 〈eal〉로 끝나는 단어	deal [di:l]	v. 처리하다, 다루다, 거래하다, 분배하다	dealer 상인, 취급자
	heal [hi:l]	v. (병을) 고치다, (고민을) 해소하다	healing 치료의 healer 치료자
	seal [si:l]	n. (바다) 표범 v. 날인하다, 확정짓다	certify 증명하다
	zeal [zi:l]	n. 열심, 열정, 열중	zealous 질투심이 많은 zealousy 질투
	steal [sti:l]	v. 훔치다	burglarize 도용하다
	squeal [skwi:l]	n. 비명 v. 비명을 지르다	
	conceal [kənsí:l]	v. 숨기다, 비밀로 하다	disguise 변장하다
	appeal [əpí:l]	n. 간청, 애원 v. 간청하다	request 간청하다
	reveal [riví:l]	v. 알리다, 비밀을 누설하다	revelation 폭로
	ordeal [ɔ:rdí:əl]	n. 호된 시련	deal 거래하다
공통어미 〈eam〉으로 끝나는 단어	beam [bi:m]	n. 들보, 광선, 행복한 미소	smile 미소
	steam [sti:m]	n. 증기, 수증기 v. (음식을) 찌다	steamy 증기의 steamer 증기선, 기선
	scream [skri:m]	v. 큰소리로 외치다, 비명을 지르다	yell 고함치다
	stream [stri:m]	n. 개울, 흐름 v. 흐르다	flow 흐르다

It helps to conceal the personal taste and financial status of children's parents.

어린이들의 부모의 개인적 취향과 경제적 지위를 감추는 것은 도움이 된다.

암기 후 영어쪽을 가리고 우리말을 영어로 연상해 보자.

공통어미 〈eap〉로 끝나는 단어	**h**eap [hi:p]	n. 더미, 무더기 v. 쌓아 올리다	accumulate 축적하다
	leap [li:p]	v. 껑충 뛰다, 뛰어오르다	jump 뛰다
	reap [ri:p]	v. (농작물을) 베다, 거둬들이다	harvest 거둬들이다
	cheap [ʧi:p]	a. 값싼, 싸구려의	반 expensive 비싼
공통어미 〈ear〉로 끝나는 단어	**r**ear [riər]	v. 기르다 a. 뒤의, 배후의	nurture 기르다
	spear [spiər]	n. 창, 작살 v. 창으로 찌르다	lance 창
	clear [kliər]	a. 밝은, 맑은 투명한, 깨끗한	clearly 명백히
	nuclear [njú:kliər]	n. 핵무기 a. 핵무기의	ex) nuclear weapons 핵 무기
	bear [bɛər]	v. 낳다, 생산하다, 참다	ex) bear pain 고통을 참다
	tear [tɛər]	v. 찢다, 찢어지다	split 찢다
	wear [wɛər]	v. 입고 있다, 착용하다	ex) children's wear 아동복
	swear [swɛər]	v. 맹세하다, 선서하다	declare 선언하다
	forbear [fɔ:rbéər]	v. ~을 삼가다, 참다, 견디다	forbearance 관용 forbearing 참을성 있는
	overhear [òuvərhiər]	v. 엿듣다	ex) overhear their conversation 그들의 대화를 엿듣다

기출문제

The strain is hard to bear.

그 긴장감은 견디기 힘들다.

공통어미 ⟨ease⟩로 끝나는 단어	cease [si:s]	v. 그만두다, 그치다, 끝나다	ceaseless 끊임 없는
	lease [li:s]	n. 임대차계약 v. 임대(임차)하다	rent 임대하다
	tease [ti:z]	v. 괴롭히다, 애를 먹이다	annoy 괴롭히다
	release [rilí:s]	v. 해방하다, 해제(면제)하다	emancipate 해방하다
	disease [dizí:z]	n. 질병, 퇴폐, 타락	ease 안락(comfort)
	appease [əpí:z]	v. 달래다, 가라앉히다	calm 잔잔해지다
	increase n.[ínkri:s], v.[inkrí:s]	v. (수·양 등을) 늘이다 n. 증가	ex) increase in population 인구의 증가
	decrease n.[dí:kri:s], v.[dikrí:s]	v. 감소하다, 감하다 n. 감소	diminish 감소하다
공통어미 ⟨east⟩로 끝나는 단어	beast [bi:st]	n. (덩치가 큰) 짐승, 가축, 야수, 비인간	brute 짐승
	feast [fi:st]	n. 축제, 연회, 잔치, 향연	festive 경축(축제)의 festival 잔치, 축제
	breast [brest]	n. 가슴, 흉부, 심정, 마음	ex) breast cancer 유방암
공통어미 ⟨(v)enge⟩로 끝나는 단어	avenge [əvéndʒ]	v. 복수하다, ~의 한을 갚다	avenger 보복자 vengeance 복수, 앙갚음
	revenge [rivéndʒ]	n. 보복, 복수 v. 복수하다	avenge 복수하다

기출문제

You will cause plankton to release tiny pulses of light.

당신은 플랑크톤으로 하여금 작은 파동의 불빛을 방출하게 할 것이다.

암기 후 영어쪽을 가리고 우리말을 영어로 연상해 보자.

공통어미 **〈eat〉로** **끝나는 단어**	cheat [ʧiːt]	*n.* 사기꾼 *v.* 사기치다, 속이다	cheater 사기꾼 deceive 속이다
	neat [niːt]	*a.* 단정한, 깔끔한, 산뜻한	tidy 단정한
	treat [triːt]	*v.* 다루다, 대우하다, 처치하다	treatment 대우, 취급
	defeat [difiːt]	*v.* 이기다, 격파하다, 좌절시키다	overcome 이기다
	repeat [ripíːt]	*v.* 되풀이하다, 반복하다 *n.* 되풀이	repetition 반복 repetitive 반복성의
	entreat [intríːt]	*v.* 간청하다, 탄원하다	entreaty 간청
	threat [θret]	*n.* 협박, 공갈, 위협	threaten 협박하다
	sweat [swet]	*n.* 땀 *v.* 땀을 흘리다	perspire 땀을흘리다
공통어미 **〈ee〉로** **끝나는 단어**	flee [fliː]	*v.* 도망하다, 달아나다	escape 도망하다
	agree [əgríː]	*v.* 동의하다, 의견이 일치하다	agreement 동의, 승낙 disagree 의견이 다르다
	degree [digríː]	*n.* 정도, 도(度), 지위, 신분	rank 지위
	foresee [fɔːrsíː]	*v.* 예지(예견)하다	anticipate 예상하다
	committee [kəmíti]	*n.* 위원, 위원회	council 의회, 협의회
	guarantee [gærəntíː]	*n.* 보증, 담보 *v.* 보증하다	ex) guarantee the quality 품질을 보증하다

기출문제

I hope you will be able to come, and that you will agree to sit on the committee.

저는 당신이 와서 위원회의 일원이 되시는 데에 동의하시기를 바랍니다.

공통어미 ⟨eed⟩로 끝나는 단어	**feed** [fi:d]	v. ~에게 먹이를 주다, 부양하다	feeder 사육자
	weed [wi:d]	n. 잡초 v. 잡초를 뽑다	weedy 잡초가 많은
	bleed [bli:d]	v. 출혈하다, 마음 아파하다	blood 피
	breed [bri:d]	v. 새끼를 낳다, 알을 까다	produce 생산하다
	greed [gri:d]	n. 욕심, 탐욕	greedy 탐욕스러운

* ceed = go(가다)

	succeed [səksí:d]	v. 성공(번영)하다, 상속(계승)하다	success 성공 successful 성공적인
	proceed [prəsí:d]	v. 나아가다, 전진하다, 계속하다	process 진행, 과정 procession 행진
	exceed [iksí:d]	v. ~을 능가하다, 초과하다, 넘다	excess 초과, 능가 excessive 초과(능가)하는
	indeed [indí:d]	ad. 실로, 참으로	really 실로
	misdeed [misdí:d]	n. 악행, 비행, 범죄	deed 행위
공통어미 ⟨eave⟩로 끝나는 단어	**leave** [li:v]	v. 떠나다, 출발하다, 그만두다	depart 출발하다
	weave [wi:v]	v. (직물 등을) 짜다	knit 짜다
	cleave [kli:v]	v. 쪼개다, 찢다	divide 나누다

기출문제

A friend in need is a friend indeed.

곤궁할 때 있어 주는 친구가 진정한 친구이다.

암기 후 영어쪽을 가리고 우리말을 영어로 연상해 보자.

공통어미 〈edge〉로 끝나는 단어	**edge** [edʒ]	n. 칼날, 가장자리	margin 가장자리
	hedge [hedʒ]	n. (산)울타리 v. 지키다	boundary 경계
	pledge [pledʒ]	n. 서약, 맹세 v. 서약하다	promise 약속하다
	knowledge [nálidʒ]	n. 지식, 지혜, 인식, 학문	learning 지식 ignorance 무지
	acknowledge [æknálidʒ]	v. 인정하다, 알리다, 승인하다	admit 승인하다
공통어미 〈ex〉로 끝나는 단어	**vex** [veks]	v. 성나게 하다, 귀찮게 굴다	irritate 짜증나게하다
	index [índeks]	n. 색인, 표시 v. 색인을 붙이다	
	annex n.[æneks], v.[ənéks]	n. 부가물, 부속 문서 v. 덧붙이다, 병합하다	annexation 합병
	complex [kəmpléks]	a. 복합체의, 합성의	ex) complex problem 복잡한 문제
	perplex [pərpléks]	v. 당혹하게 하다	perplexity 당황, 곤혹
공통어미 〈eek〉로 끝나는 단어	**meek** [miːk]	a. 얌전한, 온순한	domesticated 길든
	peek [piːk]	v. 엿보다, 몰래 들여다 보다	
	seek [siːk]	v. 조사하다, 찾다 시도하다	investigate 조사하다

기출문제

We are often confused by fuzzy edges.

우리는 종종 분명하지 않은 경계선들에 의해 혼란스럽다.

공통어미 〈ey〉로 끝나는 단어	prey [prei]	n. 먹이, 희생 v. 잡아먹다	
	obey [oubéi]	v. 복종하다, 따르다	obedience 복종, 순종 obedient 복종하는
	convey [kənvéi]	v. 운송하다, 전달하다, 전하다	transport 운송하다
	survey [sərvéi]	v. 둘러보다, 조사하다	examine 조사하다
	alley [ǽli]	n. 좁은 길, 샛길, 골목길	path 좁은길
	chimney [tʃímni]	n. 굴뚝, 연통	
	journey [dʒə́:rni]	n. 여행, 여정 v. 여행하다	travel 여행하다
	attorney [ətə́:rni]	n. 대리인, (미)변호사, 검사	lawyer 변호사
	kidney [kídni]	n. (신체의) 신장, 기질, 종류	
공통어미 〈ene〉로 끝나는 단어	gene [dʒi:n]	n. 유전자, 유전 인자	
	scene [si:n]	n. 경치, 장면, 풍경	scenery 풍경, 경치, 배경
	convene [kənví:n]	v. 모이다, 소집하다	convention 집회, 모임 conventional 전통적인
	intervene [intərví:n]	v. 사이에 있다, 중재(간섭)하다	interfere 간섭하다
	serene [sərí:n]	a. 고요한, 잔잔한, 화창한	calm 고요한

기출문제

I believe that success is a journey, not a destination.

나는 성공이란 목적이 아니라 여정(그 목표를 향해 가는 과정)이라고 믿는다.

암기 후 영어쪽을 가리고 우리말을 영어로 연상해 보자.

공통어미
〈ense〉로
끝나는 단어

dense [dens]	*a.* 빽빽한, 조밀한, 짙은	density 밀도, 농도 densely 조밀하게
sense [sens]	*n.* 감각, 오각의 하나	sensitive 민감한 sensation 감각
tense [tens]	*a.* 팽팽한 *n.* (동사의) 시제	tension 긴장, 긴박
condense [kəndéns]	*v.* 응축하다, 농축하다	condensation 응축
offense [əféns]	*n.* 죄, 위반, 반칙	offend 위반하다 offensive 공격적인
immense [iméns]	*a.* 막대한, 무한한, 거대한	immensely 막대하게
intense [inténs]	*a.* 격렬한, 심한	intensity 격렬,강렬 intensive 집중적인
defense [diféns]	*n.* 방어, 수비, 방위	defend 방어하다 defenseless 무방비의

* **pense = give**(주다)

dispense [dispéns]	*v.* 분배하다, 나누어 주다	distribute 분배하다
expense [ikspéns]	*n.* 지출, 비용	expend 소비하다, 쓰다 expensive 값이 비싼
suspense [səspéns]	*n.* 미결, 미정, 중지, 걱정, 불안	suspend 매달다, 중지시키다 suspension 매달기, 정지
recompense [rékəmpèns]	*n.* 보수, 보답 *v.* 갚다	compensate 배상하다 compensation 배상
nonsense [nánsens]	*n.* 무의미한 말, 터무니없는 생각	sense 감각, 의미

기출문제

The domestic oil, natural gas, or steel industry may require protection because of its importance to national defense.

국내의 석유, 천연가스 내지 철강 산업은 국방에 중요하기 때문에 보호할 필요성이 있다.

commonsense [kámənséns]	*n.* 상식	common 일반의
stern [stə:rn]	*a.* 엄격한, 준엄한	severe 엄한
concern [kənsə́:rn]	*v.* 염려하다, ~에 관계하다	concerned 걱정스러운 concerning ~에 관하여
discern [disə́:rn]	*v.* 인식(분간)하다, 깨닫다	discernment 식별, 인식
modern [mádərn]	*a.* 현대의, 현대식의, 근대의	current 현재의
pattern [pǽtərn]	*n.* 모양, 무늬, 양식, 견본	example 견본
govern [gávərn]	*v.* 다스리다, 통치하다	governer (미국의) 주지사 government 정부

공통어미
〈ern〉으로
끝나는 단어

공통어미
〈erse〉로
끝나는 단어

immerse [imə́:rs]	*v.* 담그다, 가라앉히다	submerge 가라앉다
disperse [dispə́:rs]	*v.* 흩어지게 하다, 퍼뜨리다	separate 분리하다

* verse = turn(돌다)

adverse [ædvə́:rs]	*a.* 불리한, 어려운, 좋지 않은	adversity 역경, 불운
diverse [divə́:rs | dai-]	*a.* 다양한, 가지가지의	diversity 다양성 diversify 다양화하다
perverse [pərvə́:rs]	*a.* 외고집의, 성질이 삐뚤어진	obstinate 고집센
reverse [rivə́:rs]	*a.* 반대로, 역으로 된	contrary 반대로
universe [jú:nəvə:rs]	*n.* (the universe)우주, 신세계	universal 우주의, 보편적인

기출문제

Would a modern music composer be your first choice for a hero?

당신은 자신의 영웅을 꼽으라면 가장 먼저 현대 음악 작곡가를 지목하겠는가?

암기 후 영어쪽을 가리고 우리말을 영어로 연상해 보자.

공통어미 〈eep〉로 끝나는 단어	beep [bi:p]	v. 삑하고 신호를 울리다 n. 경적	
	deep [di:p]	a. 깊은, 넓은, 극도의	depth 깊이 profound 심원한, 깊은
	keep [ki:p]	v. 유지하다, 간직하다, 계속하다	maintain 유지하다
	weep [wi:p]	v. 울다, 슬퍼하다, 눈물을 흘리다	mourn 슬퍼하다
	sleep [sli:p]	n. 수면 v. 자다	asleep 잠들어 있는
	creep [kri:p]	v. 기다, 느릿느릿 움직이다	
	steep [sti:p]	a. 험준한, 가파른, 터무니 없는	sharp 가파른, 뾰족한, 예리한
	sweep [swi:p]	v. 털다, 쓸다, 청소하다	sweeper 청소부
공통어미 〈eight〉로 끝나는 단어	height [hait]	n. 높이, 고도, 키	high 높은 heighten 높이다
	weight [weit]	n. 무게, 중량 v. 무겁게 하다	weigh 무게가 나가다, 무게를 달다
공통어미 〈eer〉로 끝나는 단어	peer [piər]	n. (능력이) 동등한 사람, 영 귀족	nobleman 귀족
	cheer [tʃiər]	n. 환호, 갈채, 격려, 기분 v. 응원하다, 환호하다	applause 갈채하다
	sheer [ʃiər]	a. 완전한, 절대적인 ad. 완전히	absolute 절대적인
	sneer [sniər]	n. 조소, 냉소 v. 조소하다	scorn 조소하다

기출문제

They grow very slowly and range from 15 to 40 feet in height.

그것들은 매우 천천히 자라고 높이는 15피트에서 40피트까지 이른다.

steer [stiər]	*v.* 키를 잡다, 조종하다, 처신하다	control 조종하다
queer [kwiər]	*a.* 기묘한, 의심스러운, 수상한	curious 기이한
pioneer [pàiəníər]	*n.* 개척자, 선구자 *v.* 개척하다	pilgrim 순례자
career [kəríər]	*n.* 생애, 경력, 직업, 진행, 경과	job 직업
volunteer [vàləntíər]	*n.* 지원자 *v.* 자진하여 ~하다	voluntary 자발적인 involuntary 본의 아닌
feel [fi:l]	*v.* 느끼다, 만지다	feeling 느낌, 기분
peel [pi:l]	*v.* 껍질을 벗기다, 벗겨지다	ex) peel a banana 바나나 껍질을 벗기다
reel [ri:l]	*n.* 물레, 실패, *v.* 얼레에 감다	
wheel [hwi:l]	*n.* 바퀴, 차륜 **(미)** 자전거	wheel-chair 휠체어
steel [sti:l]	*n.* 강철, 강철 제품 *v.* 강철을 입히다	**동음어** steal 훔치다

공통어미
〈eel〉로
끝나는 단어

기출문제

Native Americans and New England pioneers boiled and ate the nuts of
the white oak.

미국 원주민들과 뉴 잉글랜드 개척자들은 떡갈나무 열매를 삶아서 먹었다.

89

암기 후 영어쪽을 가리고 우리말을 영어로 연상해 보자.

공통어미
〈ert〉로
끝나는 단어

concert [kánsə:rt]	*n.* 음악회, 콘서트	
expert [ékspə:rt]	*n.* 숙련자, 전문가, 명인, 대가	expertise 전문가적 기술
alert [əlá:rt]	*a.* 빈틈없는, 민첩한	attentive 주의깊은

✻ sert = put (놓다)

insert [insə́:rt]	*v.* 삽입하다, 끼워넣다	insertion 삽입물
desert [dézərt]	*n.* 사막, 광야, 황무지 *v.* 버리다	abandon 버리다
dessert [dizə́:rt]	*n.* 후식, 디저트	
assert [əsə́:rt]	*v.* 주장하다, 단언하다	assertion 주장, 단언

✻ vert = turn (돌다)

divert [divə́:rt | dai-]	*v.* 방향을 바꾸다, 전환하다	diversion 전환
invert [invə́:rt]	*v.* 거꾸로 하다, 뒤집다	inverse 반대의 inversion 전도
revert [rivə́:rt]	*v.* (본래 상태로) 되돌아가다	rebound 되돌아가다
convert [kənvə́:rt]	*v.* 전환시키다, 용도를 변경하다	convertible 바꿀 수 있는 converter 변환기
pervert [pərvə́:rt]	*v.* 오해(곡해)하다	perverse 괴팍한, 완고한

기출문제

Some experts say, however, that organic farming has some drawbacks.

하지만, 몇몇 전문가들은 유기 농업이 몇 가지 결점을 안고 있다고 말한다.

controvert [kántrəvə̀:rt]	v.	논의(논쟁)하다	controversy 논쟁, 논의 controversial 논쟁의 여지가 있는

공통어미 〈ere〉로 끝나는 단어

mere [miər]	a.	단순한, ~에 불과한	merely 단지, 그저, 다만
sincere [sinsíər]	a.	성실한, 진심에서 우러난	sincerely 충심으로
interfere [ìntərfíər]	v.	간섭하다, 말참견하다	⊕ interrupt 가로막다
adhere [ædhíər,əd-]	v.	접착하다, 집착(고집)하다	adhesion 접착, 부착
cohere [kouhíər]	v.	밀착하다, 시종일관하다	coherent 시종일관된 cohesion 결합(력)
sphere [sfiər]	n.	구(球), 구체	spherical 구형의
hemisphere [hémisfìər]	n.	(지구·천체의) 반구, 반구체	ex) the Eastern(Western) hemisphere 동(서)반구
atmosphere [ǽtməsfìər]	n.	공기, 분위기, 환경	atmospheric 대기의
severe [sivíər]	a.	엄한, 가혹한, 맹렬한	severely 엄하게, 심하게
persevere [pə̀:rsəvíər]	v.	참다, 견디다, 끝까지 해내다	perseverance 인내 perseverant 인내심이 강한
revere [rivíər]	v.	존경하다, 숭배하다	reverence 존경, 숭배

공통어미 〈een〉로 끝나는 단어

keen [ki:n]	a.	날카로운, 예리한	⊕ clever, acute, sharp
green [gri:n]	a.	초록색의, 푸릇푸릇한	greenery 푸른 잎(나무) greenhouse 온실

기출문제

Recently, a severe disease hit Asian nations hard.

최근 심각한 질병이 아시아 국가들을 강타했다.

암기 후 영어쪽을 가리고 우리말을 영어로 연상해 보자.

공통어미 〈erge〉로 끝나는 단어	merge [məːrdʒ]	v. 합병하다	merger 합병 unite 연합하다
	emerge [imə́ːrdʒ]	v. 나타나다, 출현하다	emergency 비상사태, 위급 appear 나타나다
	submerge [səbmə́ːrdʒ]	v. 가라앉다, 잠수하다	sink 가라앉다
	verge [vəːrdʒ]	n. 가장자리, 가, 모서리	margin 가장자리
	diverge [daivə́ːrdʒ]	v. (의견 등이) 다르다, 갈라지다	diverse 다양한 diversity 다양성
공통어미 〈erm〉으로 끝나는 단어	germ [dʒəːrm]	n. 배종, 유아, 세균 v. 발아하다	contamination 오염
	term [təːrm]	n. 말(word),말씨, 기간, 학기	semester 학기
공통어미 〈eem〉으로 끝나는 단어	redeem [ridíːm]	v. 되찾다, 회수하다	redemption 도로 사들임, 속죄
	esteem [istíːm]	v. 존경하다, 존중하다 n. 존중	respect 존경하다
공통어미 〈erce〉로 끝나는 단어	pierce [piərs]	v. ~을 꿰뚫다, 관통하다	piercing 꿰뚫는, 날카로운
	coerce [kouə́ːrs]	v. 강요하다, 강요하여 ~하게 하다	enforce 강요하다
	commerce [káməːrs]	n. 상업, 무역	commercial 상업의, 무역의 trade 무역
공통어미 〈ene〉으로 끝나는 단어	scene [siːn]	n. (영화의) 장면 v. 광경, 경치	scenery 풍경, 경치 view 광경
	serene [səríːn]	a. 고요한, 화창한	quiet 조용한
	convene [kənvíːn]	v. (회의를) 소집하다	convention 집회, 모임 conventional 집회의
	intervene [intərvíːn]	v. 사이에 끼다(들다)	interfere 간섭하다

공통어미 〈em/emn〉으로 끝나는 단어	**stem** [stem]	*n.* (초목의) 줄기 *v.* 생기다, 유래하다	originate 시작하다
	system [sístəm]	*n.* 체계, 조직, (컴퓨터) 시스템	systematic 조직적인 systematize 조직화하다
	ecosystem [ékousistəm]	*n.* (특정한 지역의) 생태계	ex) balance of ecosystem 생태계의 균형
	item [áitəm]	*n.* 항목, 품목, 상연	itemize 조목별로 쓰다
	condemn [kəndém]	*v.* 비난하다, 책망하다, 선고하다	condemnation 비난
	solemn [sáləm]	*a.* 엄숙한, 장엄한, 진지한	a solemn face 엄숙한 얼굴
공통어미 〈eeze〉로 끝나는 단어	**breeze** [bri:z]	*n.* 산들바람, 미풍	breath 호흡
	sneeze [sni:z]	*v.* 재채기하다 *n.* 재채기	ex) coughs and sneeze 기침과 재채기
	squeeze [skwi:z]	*v.* 꽉 쥐다, 짜다	press 짜내다

기출문제

An ecosystem develops over decades or centuries.

생태계는 수십 년 또는 수백 년에 걸쳐 형성된다.

암기 후 영어쪽을 가리고 우리말을 영어로 연상해 보자.

공통어미 〈ibe〉으로 끝나는 단어

| bribe [braib] | n. 뇌물 v. 뇌물로 매수하다 | bribery 뇌물의 |
| tribe [traib] | n. 종족, 부족, 족속, 동아리 | tribal 종족(부족)의 |

＊scribe = write(쓰다)

ascribe [əskráib]	v. ~으로 돌리다, ~의 탓으로 하다	ascription 귀속시킴
describe [diskráib]	v. 서술하다, 기술하다	description 묘사 descriptive 설명적인
prescribe [priskráib]	v. 규제(명령)하다, (약을) 처방하다	prescription 처방(전)
subscribe [səbskráib]	v. 구독하다, 구독 신청하다	subscriber 구독자, 신청자 subscription 예약, 신청
inscribe [inskráib]	v. 기록하다, 적다	inscription 기입, 비문

공통어미 〈ike〉로 끝나는 단어

strike [straik]	v. 치다, 때리다, 파업하다 n. 파업	ex) go on strike 파업에 들어가다
alike [əláik]	a. 서로 닮은 ad. 한결같이	
unlike [ánláik]	a. 닮지 않은, 같지 않은	unlikely ~일 것 같지 않은

공통어미 〈ince〉로 끝나는 단어

| convince [kənvíns] | v. ~에게 납득(확신) 시키다 | convincing 설득력 있는 |
| province [právins] | n. 지방, 지역 | provincial 도(道)의, 영토의 |

기출문제

Boomerangs were often used by native tribes.
부메랑은 종종 토착 부족들에 의해 사용되었다.

공통어미 〈ide〉로 끝나는 단어

tide [taid]	*n.* 조수, 조류, 시세	ex) low tide 간조, 썰물
glide [glaid]	*v.* 미끄러지다	ex) glide slope 활주로
bride [braid]	*n.* 신부(새색시)	bridegroom 신랑
stride [straid]	*v.* 성큼성큼 걷다	
decide [disáid]	*v.* 결정하다, 결심하다	decision 결정
suicide [sjú:əsàid]	*n.* 자살, 자해 *v.* 자살하다	ex) commit suicide 자살하다
coincide [kòuinsáid]	*v.* 일치하다, 부합하다	coincidence 우연의 일치 coincident 동시에 일어나는
confide [kənfáid]	*v.* (비밀 등을) 털어놓다, 신탁하다	confident 자신 있는 confidence 자신감
collide [kəláid]	*v.* 충돌하다, (의견이) 일치하지 않다	collision 충돌
beside [bisáid]	*p.* ~의 곁에(옆에), 곁으로	
besides [bisáidz]	*ad.* ~외에도, 그 밖에	except ~를 제외하고
reside [rizáid]	*v.* 살다, 거주하다	resident 거주자 residence 주거, 거주
preside [prizáid]	*v.* 사회(의장)을 하다, 지배하다	presider 주재자, 사회자 president 대통령
divide [diváid]	*v.* 나누다, 분할하다	division 분할, 분배 indivisible 나눌 수 없는
provide [prəváid]	*v.* ~을 주다, 공급하다	provision 공급 supply 공급하다

기출문제

If you reside in this area, you may get it free of charge.

만약 당신이 이 지역에 거주하면 당신은 그것을 무료로 얻을 수 있다.

95

암기 후 영어쪽을 가리고 우리말을 영어로 연상해 보자.

**공통어미
〈ice〉로
끝나는 단어**

vice [vais]	*n.* 악덕, 결점	vicious 나쁜, 사악한
advice [ædváis]	*n.* 충고, 조언, 권고	advise 충고하다
device [diváis]	*n.* 고안, 장치, 궁리, 계획	devise 고안하다 ex) a safety device 안전 장치
slice [slais]	*n.* (빵 등의) 얇은 조각 *v.* 얇게 베다	
spice [spais]	*n.* 양념, 향신료, 풍취, 정취	spicy 양념을 한, 맛이 강한
suffice [səfáis]	*v.* 충분하다, 만족시키다	sufficient 충분한 insufficient 불충분한
sacrifice [sǽkrəfàis]	*n.* 희생, 산 제물, 희생적인 행위	sacrificial 희생의
entice [intáis]	*v.* 유혹하다, 꾀다	enticement 유혹 tempt 유혹하다
caprice [kəpríːs]	*n.* 변덕, 일시적 기분	capricious 변덕스러운
malice [mǽlis]	*n.* 악의, 적의, 증오	malicious 악의 있는
prejudice [prédʒudis]	*n.* 편견, 선입관	unfairness 불공평한, 편파적인
notice [nóutis]	*n.* 주의, 주목 *v.* 주의하다	heed 주의하다
practice [prǽktis]	*n.* 실행, 버릇, 습관 *v.* 실행하다	practicable 실행할 수 있는
justice [dʒʌ́stis]	*n.* 정의, 공정	just 올바른 justify 정당화하다

기출문제

My father gave words of advice and support with patience.

나의 아버지는 인내를 가지고 조언과 지지의 말을 해주셨다.

pile [pail]	*n.* 퇴적 *v.* 쌓아올리다	heap 쌓아올리다
reconcile [rékənsàil]	*v.* 화해하다, 화해시키다	reconciliation 화해, 조정
fragile [frǽdʒail]	*a.* 망가지기 쉬운, 허약한	ex) fragile glass 깨지기 쉬운 유리
juvenile [dʒúːvənail]	*a.* 젊은, 연소한	ex) juvenile literature 아동 문학
compile [kəmpáil]	*v.* 편집하다, 편찬하다	compilation 편집 compiler 편집자
reptile [réptail]	*n.* (파충류) 동물, 아주 천한 사람	
fertile [fɔ́ːrtail]	*a.* (땅이) 기름진, 비옥한	fertilize 비료를 주다 fertility 풍부
hostile [hástl]	*a.* 적의, 적국의, 적의가 있는	hostility 적의, 적개심
futile [fjúːtl]	*a.* 쓸데없는, 소용없는, 무익한	futility 무익 useless 소용없는
textile [tékstail]	*n.* 직물, 옷감	ex) the textile industry 섬유 산업
stockpile [stákpail]	*n.* 비축, 비축량, 재고 *v.* 비축하다	stock 저장
exile [égzail]	*v.* 추방하다, 망명하다	expel 추방하다

| strife [straif] | *n.* 투쟁, 다툼, 싸움 | ex) a labor strife 노동 쟁의 |
| midwife [mídwàif] | *n.* 조산사, 산파 | |

기출문제

She had sauce stains on her apron and sometimes allowed the laundry to pile up.

그녀는 앞치마에 소스 얼룩을 묻혔고, 가끔은 세탁물이 쌓이도록 내버려 두었다.

암기 후 영어쪽을 가리고 우리말을 영어로 연상해 보자.

공통어미
⟨ine⟩으로
끝나는 단어

fine [fain]	*a.* 훌륭한, 멋진 *n.* 벌금	handsome 멋진
mine [main]	*n.* 광산 *v.* 채굴하다 *pron.* 나의 것	miner 광부 / mining 채광 mineral 광물
pine [pain]	*n.* 소나무 *v.* 갈망하다	ex) pine needle 솔잎
vine [vain]	*n.* 포도나무, 덩굴식물	vineyard 포도밭 grapevine 포도나무
wine [wain]	*n.* 포도주, 와인, 술	winery 포도주 양조장
shine [ʃain]	*v.* 빛나다, 비치다, 반짝이다	glitter 반짝이다
shrine [ʃrain]	*n.* 제단, 성지, 작은 성당	
combine [kəmbáin]	*v.* 결합시키다, 겸하다, 겸비하다	combination 결합, 조합
define [difáin]	*v.* 정의(한정)하다	definition 정의 definitely 명확히
refine [rifáin]	*v.* ~을 순화하다, (세련되게) 하다	refinement 세련 purify 정화하다
confine [kənfáin]	*v.* 한정하다, 국한하다, 감금하다	confinement 감금 limit 한정하다

＊**cline = lean**(기울다)

decline [dikláin]	*v.* 거절(사퇴)하다, 줄어들다, 위축되다	refuse 거절하다
incline [inkláin]	*v.* 기울이다, 경사지다	inclination 경향 slope 경사지다

기출문제

Some heroes shine in the face of great adversity, performing amazing deeds in difficult situations.

몇몇 영웅들은 어려운 상황에서 놀랄 만한 공적을 수행하면서 커다란 역경에 직면하여 빛이 난다.

divine [diváin]	a. 신의, 신성한, 종교적인	divinity 신성 holy 신성한
machine [məʃíːn]	n. 기계, 기계장치	machinery 기계 machinist 기계 기술자
medicine [médəsin]	n. 내복약, 의학	ex) basic medicine 기초 의학
imagine [imǽdʒin]	v. ~을 상상하다, (가정)하다	imagination 상상(력) imaginary 가상의
masculine [mǽskjulin]	a. 남성의, 남자의	㊌ male, manly
discipline [dísəplin]	n. 훈련, 훈육, 규율 v. 훈련하다	㊌ drill, training, exercise
famine [fǽmin]	n. 기근, 기아, 굶주림	㊌ starvation, need, want
examine [igzǽmin]	v. 시험(조사)하다, 검사(진찰)하다	examination 시험 ㊌ inspect, investigate
determine [ditəːrmin]	v. 결정(결심)하다, 해결하다	determination 결심, 결정 ㊌ decide 결정하다
feminine [fémənin]	a. 여성의, 여자다운	㊌ female, womanly
marine [məríːn]	a. 바다의, 선박의, 해군의	mariner 선원
submarine [sʌbməríːn]	n. 잠수함, 해저동물	subway 지하철 submerge 물 속에 잠기다
doctrine [dáktrin]	n. 주의, 원리, 학설	㊌ principle, creed, teaching
destine [déstin]	v. 운명짓다,예정하다	destiny 운명, 숙명 destination 목적(지)
routine [ruːtíːn]	n. 판(틀)에 박힌 일상	㊌ habit, custom
magazine [mǽgəzíːn]	n. 잡지, 정기 간행물 화약고	㊌ journal, armory

기출문제

It was hot that day, so climbing the mountain was much more difficult than I had imagined.

그 날은 날씨가 너무 더워서 산에 오르는 것은 내가 상상한 것 이상으로 무척 어려웠다.

암기 후 영어쪽을 가리고 우리말을 영어로 연상해 보자.

공통어미
〈ire〉로
끝나는 단어

spire [spaiər]	n.	소용돌이, 나선형, 뾰족탑(첨탑)	spiral 나선(나사) 모양의
misfire n.[mísfaiər], v.[misfáiər]	n. v.	불발 불발이 되다	misguide 잘못 인도하다 mislead 잘못 인도하다
admire [ædmáiər]	v.	감탄하다, 매우 존경하다	admiration 감탄 respect 존경하다
aspire [əspáiər]	v.	열망하다, 갈망하다	aspiration 열망, 포부 desire 열망하다
inspire [inspáiər]	v.	고무(고취)하다, 격려하다	inspiration 영감
conspire [kənspáiər]	v.	공모하다, 음모를 꾸미다	conspiracy 음모, 공모 plot 음모를 꾸미다
perspire [pərspáiər]	v.	땀을 흘리다, 발한(증발)하다	perspiration 땀, 발한 (sweating)
expire [ikspáiər]	v.	(시간이) 끝나다, 만기가 되다	expiration 만료, 만기 cease 끝나다
desire [dizáiər]	v.	바라다, 원하다, 희망하다	want 원하다
satire [sǽtaiər]	n.	풍자, 풍자 문학, 비꼼	satiric, satirical 풍자적인
retire [ritáiər]	v.	물러서다, 물러나다	retirement 퇴직, 은퇴 resign 물러나다
entire [intáiər]	a.	전체의, 완전한, 온전한	entirely 완전히, 온전히
acquire [əkwáiər]	v.	획득하다, 손에 넣다	acquirement 획득, 취득 obtain 획득하다
inquire [inkwáiər]	v.	질문하다, 묻다, 조사하다	inquiry 문의, 질문 inquisition 조사, 심문

기출문제

I struggled mightily with my own desire to open a novel in brazen daylight.

나는 대낮에 소설책을 펼치고 싶은 나 자신의 바람과 맹렬하게 싸웠다.

공통어미 〈ise〉로 끝나는 단어

require [rikwáiər]	*v.* ~을 필요로 하다, 요구하다	requirement 요구 demand 요구하다
rise [raiz]	*v.* 일어서다, 일어나다, 떠오르다	ascend 오르다
arise [əráiz]	*v.* 일어나다, 발생하다	originate 일어나다
promise [prámis]	*n.* 약속, 계약 *v.* 약속하다	promising 가망 있는, 유망한
compromise [kámprəmàiz]	*n.* 타협, 양보, 화해 *v.* 타협하다	ex) suggest a compromise 타협을 제안하다
surmise [sərmáiz]	*v.* 추측하다, 짐작하다	presume 추정하다
comprise [kəmpráiz]	*v.* 포함하다, ~로 성립하다	contain 포함하다
enterprise [éntərpràiz]	*n.* 기업, 사업, 계획	enterprising 진취적인
surprise [sərpráiz]	*n.* 놀람, 놀라운 일 *v.* 놀라게 하다	marvel 놀라다
advertise [ǽdvərtàiz]	*v.* 광고하다, ~의 광고를 내다	advertisement 광고 announce 광고하다
disguise [disgáiz]	*v.* 변장하다, 변장시키다	pretend ~인 체하다
advise [ædváiz]	*v.* 충고하다, 권고하다	advice 충고, 조언 advisor 충고자, 고문
devise [diváiz]	*v.* 고안하다, 생각해내다	device 장치, 궁리, 계획
revise [riváiz]	*v.* 개정하다, 교정하다	correct 교정하다
supervise [súːpərvàiz]	*v.* 감독하다, 관리하다	manage 관리하다
likewise [láikwàiz]	*ad.* 그 밖에, 게다가	

기출문제

Two-thirds of CO2 emissions arise from transportation and industry.

이산화탄소 배출의 3분의 2는 교통과 산업에서 일어난다.

암기 후 영어쪽을 가리고 우리말을 영어로 연상해 보자.

공통어미 ⟨ite⟩로 끝나는 단어	site [sait]	*n.* (건물의) 용지, 집터, 부지, 위치	location 위치
	recite [risáit]	*v.* ~을 암송하다, 낭독하다	recital 낭송, 낭독회
	excite [iksáit]	*v.* 자극하다, 흥분시키다	excitement 흥분, 자극 stimulate 자극하다
	polite [pəláit]	*a.* 예절 바른, 공손한, 품위 있는	politely 공손히 politeness 공손함
	satellite [sǽtəlàit]	*n.* 인공위성	ex) communications satellite 통신 위성
	despite [dispáit]	*pron.* ~에도 불구하고	Notwithstanding ~에도 불구하고
	invite [inváit]	*v.* 초대하다, 안내하다	invitation 초대 a letter of invitation 초대장
	appetite [ǽpətàit]	*n.* 식욕 *v.* 요구하다	ex) a good appetite 좋은 식성
	finite [fáinait]	*a.* 한정되어 있는, 제한되어 있는	bound 범위, 한계
	infinite [ínfənət]	*a.* 무한한, 막대한, 매우 큰	endless 무한한
	unite [ju:náit]	*v.* 하나로 하다, 결합(통합)하다	united 결합된 unify 통합하다
공통어미 ⟨ipe⟩로 끝나는 단어	ripe [raip]	*a.* (곡식·과일이) 익은, 성숙한	ripen 익다 mature 성숙한
	wipe [waip]	*v.* 닦다, 닦아내다, 씻다	ex) wipe a table 탁자를 닦다
	stripe [straip]	*n.* 줄무늬	

기출문제

Despite the increase in rice production between 1995 and 2000, the consumption per person dropped.

1995년과 2000년 사이 쌀 생산량의 증가에도 불구하고 1인당 소비량은 떨어졌다.

공통어미 ⟨ive⟩로 끝나는 단어			
dive [daiv]	v.	잠수하다, 물속에 뛰어 들어가다	diver 잠수부
thrive [θraiv]	v.	번성하다, 번창(번영)하다	prosper 번영하다
alive [əláiv]	a.	살아있는, 활발한	existing 살아있는
derive [diráiv]	v.	끌어내다, 유래하다, 얻다, 획득하다	derivation 유도 acquire 얻다
arrive [əráiv]	v.	도착하다, 도달하다	arrival 도착 reach 도착하다
deprive [dipráiv]	v.	빼앗다, 박탈하다	deprivation 박탈
contrive [kəntráiv]	v.	연구하다, 고안하다	contrivance 고안, 발명품 devise 고안하다
revive [riváiv]	v.	소생시키다, 회복시키다	revival 소생, 부활
survive [sərváiv]	v.	~보다 오래 살다, 살아남다	survival 생존, 살아 남음 survivor 생존자
positive [pázətiv]	a.	긍정적인, 확신하는, 분명한	ex) positive mind 긍정적인 마음
motive [móutiv]	n.	동기, 원인, 목적	motivate 동기를 부여하다 motivation 자극, 동기 부여
captive [kǽptiv]	n. a.	포로 포로의, 감금된	capture 잡다 prisoner 포로
festive [féstiv]	a.	축제의, 흥겨운, 법석대는	feast 잔치 festival 축제(일)
native [néitiv]	a.	타고난, 토착의, 출생의	original 본래의
negative [négətiv]	a. n.	부정의 부정	negate 부정(부인)하다 negatively 부정하여

기출문제

Without the government's support, the performing arts cannot survive.

정부의 지원 없이 공연 예술은 생존할 수 없다.

암기 후 영어쪽을 가리고 우리말을 영어로 연상해 보자.

공통어미
〈ic〉로
끝나는 단어

traffic [trǽfik]	*n.*	교통(량), (탈것의) 통행, 거래, 무역	ex) traffic accident 교통사고
pacific [pəsífik]	*a.* *n.*	태평양의 (the) 태평양	ex) the pacific ocean 태평양
specific [spisífik]	*a.*	특별한, 특유의	particular 특유의
terrific [tərífik]	*a.*	무서운, 지독한, 대단한	terrible 무서운
magic [mǽdʒik]	*n.*	마법, 마술, 마력	magical 마법의 magician 마법사
logic [ládʒik]	*n.*	논리, 논리학	logical 논리적인
tragic [trǽdʒik]	*a.*	비극의, 비극적인, 비참한	tragedy 비극, 참사
republic [ripʌ́blik]	*n.*	공화국, 공화 정체	republican 공화주의, 공화주의자
mimic [mímik]	*a.* *n.*	모방의, 모조의 모방자, 모조품	mimicry 흉내
dynamic [dainǽmik]	*a.*	활기 있는, 활동적인	active 활동적인
epidemic [èpədémik]	*a.* *n.*	유행성의, 전염성의 유행(병)	infectious 전염성의
panic [pǽnik]	*n.*	당황, 겁먹음, (경제) 공황	horror 공포
mechanic [məkǽnik]	*n.*	기계공, 직공, 기능공	machine 기계 mechanical 기계의
electronic [ilektránik]	*a.*	전자의, 전자공학의	electron 전자 electricity 전기

기출문제

Our mind is strengthened by contact with dynamic and well-ordered minds.

우리의 정신은 역동적이고 질서가 잡힌 정신과의 접촉으로 강화된다.

cynic [sínik]	*n.* 냉소적인 사람, 비꼬는 사람	cynical 냉소적인, 비웃는
tropic [trápik]	*n.* 회기선, 열대 지방 (the tropics)	tropical 열대의
arctic [á:rktik]	*a.* 북극의(Arctic), 북극지방의	antarctic 남극의
pathetic [pəθétik]	*a.* 가련한, 애처로운	sad 슬픈
critic [krítik]	*n.* 비평가, 평론가, 혹평가	criticism 비판, 비난 critical 비판적인, 위태로운
elastic [ilǽstik]	*a.* 탄력 있는, 융통성 있는	🌐 flexible 융통성있는
skeptic [sképtik]	*n.* 회의론자, 의심 많은 사람	skeptical 의심 많은, 회의적인
majestic [mədʒéstik]	*a.* 위엄 있는, 당당한	majesty 위엄, 장엄
domestic [dəméstik]	*a.* 가정의, 국내의, 국산의	domesticate (동물을) 길들이다
attic [ǽtik]	*n.* 고미, 다락방	ex) a small attic room 작은 다락방
exotic [igzátik]	*a.* 이국적인, 외국의	🌐 foreign 외국의
gigantic [dʒaigǽntik]	*a.* 거대한, 거인 같은	immense, huge 거대한
arithmetic [əríθmətik]	*n.* 산수, 셈	
drastic [drǽstik]	*a.* 과감한, 철저한	drastically 과감하게
parasitic [pærəsítik]	*a.* 기생하는, 기생충의	parasite 기생동물
toxic [táksik]	*a.* 유독한, 중독성의	intoxicate 중독시키다

기출문제

It is a light and soft cap with elastic pads that stiffen upon collision.

그것은 충돌할 때 굳어지는 탄력 있는 패드를 가진 가볍고 부드러운 모자이다.

암기 후 영어쪽을 가리고 우리말을 영어로 연상해 보자.

**공통어미
⟨id⟩로
끝나는 단어**

rid [rid]	*v.* 제거하다, ~을 모면하다	ex) get rid of ~을 제거하다
skid [skid]	*n.* 미끄러짐 *v.* 미끄러지다	ski 스키를 타다
fluid [flú:id]	*n.* 유체, 유동체 *a.* 유동성의	liquid 유동하는
forbid [fərbíd]	*v.* ~을 금하다, 방해하다	forbidden 금지된 prevent 방해하다
candid [kǽndid]	*a.* 솔직한, 성실한, 노골적인	honest 정직한
splendid [spléndid]	*a.* 훌륭한, 화려한, 멋있는	splendor 호화, 장대
rigid [rídʒid]	*a.* 굳은, 경직한, 엄격한	strict 엄격한
solid [sálid]	*a.* 고체의, 견고한, 단단한	solidity 굳음, 단단함
amid [əmíd]	*pron.* ~의 한복판에, ~의 사이에	among ~의 사이에
timid [tímid]	*a.* 겁많은, 수줍어하는	timidity 겁 많음, 수줍음
humid [hjú:mid]	*a.* 습기 있는, 눅눅한	humidity 습도, 습기
rapid [rǽpid]	*a.* 빠른, 급한, 가파른, 급속한	rapidly 빠르게
stupid [stjú:pid]	*a.* 어리석은, 무감각한	foolish 어리석은
vivid [vívid]	*a.* 선명한, 명확한, 생생한	vividly 생생하게

기출문제

However, most of us try to adjust our attitudes and behaviors to a rapid pace of living and working.

그러나 우리들 대다수는 우리의 태도와 행동을 삶과 일의 빠른 속도에 적응시키려고 노력한다.

	horrid [hɔ́:rid]	*a.* 무서운, 지겨운, 매우 불쾌한	horror 공포 / horrible 무서운 horrify 무섭게 하다
공통어미 ⟨ize⟩로 끝나는 단어	**fertil**ize [fə́:rtəlàiz]	*v.* 기름지게하다	fertilizer 비료(manure) fertile 비옥한
	utilize [jú:təlàiz]	*v.* 이용하다	utilization 이용 utility 유용
	organize [ɔ́:rgənàiz]	*v.* 조직하다	organization 조직, 단체
	apologize [əpáIədʒàiz]	*v.* 사과하다	apology 사과 forgive 용서하다
	recognize [rékəgnàiz]	*v.* 인정하다, 인식하다	recognition 인식, 승인
	emphasize [émfəsàiz]	*v.* 강조하다	emphasis 강조 stress 강조하다
	authorize [ɔ́:θəràiz]	*v.* ~에게 권한을 주다	author 저자, 작가 authority 권위, 권력
공통어미 ⟨iff⟩로 끝나는 단어	**sn**iff [snif]	*v.* 코로 들이쉬다, 콧방귀 뀌다	
	stiff [stif]	*a.* 굳은, 딱딱한	
	tariff [tǽrif]	*n.* 관세표, (철도 등의) 요금표	
공통어미 ⟨idge⟩로 끝나는 단어	**r**idge [ridʒ]	*n.* 산마루, 산등성이, 융기	
	bridge [bridʒ]	*n.* 다리, 교량 *v.* 잇다, 메우다, 다리를 놓다	
	abridge [əbrídʒ]	*v.* 요약하다, 단축하다	abridge(e)ment 축소

암기 후 영어쪽을 가리고 우리말을 영어로 연상해 보자.

공통어미 ⟨ick⟩로 끝나는 단어	lick [lik]	v. ~을 핥다, 휩쓸다, 치다	lap 핥다
	thick [θik]	a. 두꺼운, 빽빽한, 우거진	dense 빽빽한 ex) a thick forest 무성한 숲
	kick [kik]	v. 발로 걷어차다, 반대(반항)하다	ex) kick a ball 공을 차다
	trick [trik]	n. 계략, 계책 v. 장난하다, 속이다	deceive 속이다
	stick [stik]	v. 찌르다, 꿰뚫다, 끼워 넣다, 붙이다	pierce 꿰뚫다
	quick [kwik]	a. 빠른, 신속한	quickly 빠르게 swift 신속한
공통어미 ⟨ing⟩으로 끝나는 단어	sling [sliŋ]	n. 투석기 v. ~을 내던지다	throw 던지다
	fling [fliŋ]	v. 내팽개치다, 냅다 던지다	throw violently
	cling [kliŋ]	v. 달라붙다, 매달리다	stick 달라붙다
	string [striŋ]	n. 실, 줄, 끈, (악기의) 현	ex) a piece of string 끈 한 가닥
	sting [stiŋ]	v. (가시 등이) 찌르다, 고통을 주다 n. 고통	ex) the sting of hunger 굶주림의 고통
	swing [swiŋ]	v. 휘두르다, 이리저리 흔들다	wave 흔들다
	ceiling [síːliŋ]	n. 천장	ex) a high ceiling 높은 천장
	cunning [kániŋ]	a. 교활한, 간사한 n. 교활, 간사함	foxy 교활한

기출문제

Gamers cling to some fantasy in computer games.

게이머들은 컴퓨터 게임의 환상에 매달린다.

공통어미 〈ish〉로 끝나는 단어

selfish [sélfiʃ]	*a.* 이기적인, 이기주의의	selfishness 이기심 greedy 탐욕스러운
starfish [stáːrfiʃ]	*n.* 불가사리	star 별
publish [pʌ́bliʃ]	*v.* 발간(발행)하다, 출판(발표)하다	publication 출판(물) publisher 발행인
establish [istǽbliʃ]	*v.* 설립하다, 확립하다	reestablish 재건하다 establishment 설립, 창설
abolish [əbáliʃ]	*v.* 폐지하다	abolishment 폐지 revoke 취소하다
accomplish [əkámpliʃ]	*v.* 이루다, 성취하다, 완성하다	accomplishment 완성 achieve 성취하다
vanish [vǽniʃ]	*v.* 사라지다, 없어지다	disappear 사라지다
banish [bǽniʃ]	*v.* 추방하다, 쫓아내다	banishment 추방 exile 추방하다
diminish [dimíniʃ]	*v.* 감소하다, 감소시키다	decrease 감소하다
admonish [ædmániʃ]	*v.* 훈계하다, 충고하다	reprove 꾸짖다
astonish [əstániʃ]	*v.* 놀라게 하다, 경악하게 하다	astonishing 놀라운, 눈부신 amaze 놀라게 하다
furnish [fə́ːrniʃ]	*v.* 공급하다, 제공하다, 주다	provide 공급하다
punish [pʌ́niʃ]	*v.* 처벌하다, 응징하다	punishable 벌 주어야 할 punishment 벌
anguish [ǽŋgwiʃ]	*n.* (심신의) 고통, 고민	torment 고통
nourish [nə́ːriʃ]	*v.* 자양분을 주다, 기르다	nourishment 자양물, 영양분

기출문제

The school yearbook will be published soon.
학교 졸업 앨범이 곧 출간될 것이다.

암기 후 영어쪽을 가리고 우리말을 영어로 연상해 보자.

공통어미 ⟨ish⟩로 끝나는 단어	**che**rish [tʃériʃ]	v. 귀여워하다, 소중히 여기다	treasure 소중하다
	perish [périʃ]	v. 멸망하다, 죽다, 타락(부패)하다	perishable 죽기 쉬운
	flourish [fləˈriʃ]	v. 번영(번성)하다, 휘두르다	prosper 번영하다
	distinguish [distíŋgwiʃ]	v. 구별하다, 분류하다	distinct 별개의 distinction 차이, 구별
	extinguish [ikstíŋgwiʃ]	v. (불 등을) 끄다, 화재를 진화하다	extinction 멸종 extinguisher 소화기
공통어미 ⟨ink⟩로 끝나는 단어	**bl**ink [bliŋk]	v. (눈을) 깜박이다, 윙크(눈짓)하다	wink 윙크하다
	shrink [ʃriŋk]	v. 줄다, 수축시키다, 움츠리다	diminish 줄이다 🖲 expand 확장하다
	stink [stiŋk]	v. 악취가 나다	
공통어미 ⟨isk⟩로 끝나는 단어	**r**isk [risk]	n. 위험, 모험 v. 위험을 각오하다	ex) run a risk 위험을 무릅쓰다
	brisk [brisk]	a. 활발한, 기운찬	ex) a brisk walk 활기찬 발걸음
공통어미 ⟨ich⟩로 끝나는 단어	**r**ich [ritʃ]	a. 부자의, 부유한	wealthy 부유한 🖲 poor 가난한
	enrich [inrítʃ]	v. 부유하게 하다, 유복하게 하다	enrichment 부유, 비옥

Within only three years, Gregg's business was flourishing.

겨우 3년 만에, Gregg의 사업은 번창하고 있었다.

fill [fil]	*v.*	채우다, 가득차다, 써넣다	fulfill 완수하다(complete)
gill [gil]	*n.*	(물고기의) 아가미	
pill [pil]	*n.* *v.*	알약 알약으로 만들다	관련어 powder medicine 가루약, liquid medicine 물약
sill [sil]	*n.*	문지방, 문턱, 창턱	ex) window sill 창문턱
till [təl],[til]	*prep.* *c.*	~까지 *v.* 경작하다 ~할 때까지	cultivate 경작하다
will [wil]	*aux.* *n.*	~일(할) 것이다 의지(력)	willing 기꺼이 ~하는
chill [tʃil]	*n.* *v.*	냉기, 한기 식히다	ex) a chilly wind 쌀쌀한 바람
skill [skil]	*n.*	숙련, 솜씨, 기능, 기술	ability 능력
spill [spil]	*v.*	엎지르다, 흘리다, 살포하다	shed 흘리다
still [stil]	*a.* *v.*	고요한 고요하게 하다	stillness 고요함
drill [dril]	*n.* *v.*	송곳, 교련, 훈련 훈련하다	ex) pronunciation drill 발음 연습
thrill [θril]	*n.* *v.*	전율 감동시키다, 흥분시키다	stimulate 자극하다
shrill [ʃril]	*a.*	날카로운, 예리한	acute 예리한
fulfill [fulfil]	*v.*	(의무·직무 등을) 이행하다	fulfillment 달성, 이행 accomplish 성취하다
distill [distil]	*v.*	증류하다	distillation 증류 distiller 증류기

기출문제

Still waters run deep.

고요한 물이 깊이 흐른다. (말이 없는 사람일수록 생각이 깊다.)

암기 후 영어쪽을 가리고 우리말을 영어로 연상해 보자.

공통어미 〈il〉로 끝나는 단어	**per**il [pérəl]	n. 위험, 모험, 위기	danger 위험 perilous 위험한, 모험적인
	civil [sívəl]	a. 시의, 시민의, 공민의	civilize 문명화하다 civilization 문명, 개화
	evil [íːvəl]	a. 나쁜, 사악한, 불길한	sinful 사악한
	devil [dévl]	n. 악마, 마귀, 사탄	ex) the Red Devils 붉은 악마
	tranquil [trǽŋkwil]	a. 조용한, 고요한	ex) a tranquil mood 평온한 분위기
공통어미 〈im〉으로 끝나는 단어	**d**im [dim]	a. 어둠침침한, 어둑한, 희미한	vague 애매한
	trim [trim]	v. ~을 정돈하다, 다듬다	decorate 장식하다
	slim [slim]	a. (체격 등이) 가냘픈	ex) a slim person 호리호리한 사람
	whim [hwim]	n. 변덕, 변덕스러운 마음	whimsical 변덕스러운
	maxim [mǽksim]	n. 격언, 금언	proverb 격언
	victim [víktim]	n. 희생자, 피해자	victimize 희생시키다
	grim [grim]	a. 무서운, (얼굴 표정이) 매우 심각한	terrible 무서운
	pilgrim [pílgrim]	n. 순례자	

기출문제

This fund will help the flood victims recover some of their losses.

이 기금은 홍수 피해자들이 손실의 일부를 만회할 수 있도록 도울 것이다.

sin [sin]	*n.* (종교 · 도덕상의) 죄 *v.* 죄를 짓다	sinner 죄인 sinful 죄 많은
kin [kin]	*n.* 친척, 혈족관계	relatives 친척
skin [skin]	*n.* 피부, 가죽 *v.* 가죽을 벗기다	covering 덮개
thin [θin]	*a.* 얇은, 가느다란, 마른, 야윈	slender 가느다란
spin [spin]	*v.* 실을 잣다, 방적하다, 회전하다	spinning 방적 rotate 회전하다
grin [grin]	*v.* 이를 드러내다, 방긋 웃다	
twin [twin]	*a.* 쌍둥이의 *n.* 쌍둥이 중 하나	win 이기다, 얻다 (gain, attain, obtain)
cabin [kǽbin]	*n.* 오두막집, 선실	cottage 오두막집
coffin [kɔ́(:)fin]	*n.* 관(棺), 널	
origin [ɔ́:rədʒin]	*n.* 근원, 기원, (종종 origins) 가문	original 최초의, 원시의 originate 시작하다
margin [má:rdʒin]	*n.* 가장자리, 변두리, 판매 수익	boundary 경계
virgin [vɔ́:rdʒin]	*n.* 처녀, 미혼녀 *a.* 처녀의, 순결한	virginity 처녀성 pure, innocent 순결한
basin [béisn]	*n.* 분지, 웅덩이	ex) the Amazon basin 아마존강의 분지
within [wiðín, wiθ-]	*prep.* ~의 속에, ~이내에	Inside 안쪽의
ruin [rú:in]	*n.* 파멸 *v.* 파멸시키다	destroy 파괴하다

기출문제

Successful people are willing to work hard, but within strict limits.

성공한 사람들은 기꺼이 열심히 일하지만, 엄격한 한도 내에서 그러하다.(항상 일만 하는 것은 아니다.)

암기 후 영어쪽을 가리고 우리말을 영어로 연상해 보자.

**공통어미
⟨ip⟩로
끝나는 단어**

lip [lip]	n. 입술, 입 v. 입술을 대다	lipstick 립스틱, 입술 연지
rip [rip]	v. ~을 째다, 떼내다, 쪼개다	split 분열되다
sip [sip]	v. 홀짝홀짝 마시다, 조금씩 마시다	drink a very small quantity
tip [tip]	n. 팁, 사례금, 꼭대기, 정상 v. 팁을 주다	reward 사례금
whip [hwip]	n. 채찍, 채찍질 v. 채찍질하다	thrash 채찍질하다
skip [skip]	v. 건너뛰다, 생략하다, 깡충거리다	eliminate 제거하다
clip [klip]	v. 잘라내다, 오려내다 n. 서류 집게	cut 자르다
flip [flip]	v. (손가락으로) 튀기다, 넘기다	ex) flip the page 페이지를 넘기다
slip [slip]	n. 미끄럼 v. 미끄러지다	slipper 실내화 slippery 잘 미끄러지는
drip [drip]	v. (물방울이) 똑똑 떨어지다	dribble 똑똑 떨어지다
trip [trip]	n. 여행 v. 걸려서 넘어지게 하다	journey 여행
strip [strip]	v. 옷을 벗기다, 빼앗다, 박탈하다	undress 옷을 벗기다
gossip [gásip]	n. 소문, 험담, 수다 v. 잡담하다, 수다떨다	chat 잡담
worship [wə́ːrʃip]	n. 숭배 v. 숭배하다	respect 존경하다

기출문제

The trip had completely defeated the father's purpose.

그 여행은 아버지의 목적을 완전히 좌절시켰다.

공통어미 〈it〉로 끝나는 단어

equip [ikwíp]	*v.* 설비하다, 장비하다	equipment 장비, 설비
fit [fit]	*a.* 적당한, 건강한, ~에 어울리는	fitness 적당, 건강 healthy 건강한
wit [wit]	*n.* 기지, 재치, 지혜, 이해력	witty 재치있는 sense 재치
flit [flit]	*v.* 스치다, 경쾌하게 지나가다	skim 스쳐지나가다
spit [spit]	*v.* 침을 뱉다, 토하다, 모욕하다	ex) spit on the ground 땅에 침을 뱉다
split [split]	*v.* 쪼개다, 자르다, 분할하다	divide 분할하다
quit [kwit]	*v.* 그만두다, 물러나다	abandon 그만두다
knit [nit] k = 묵음	*v.* ~을 짜다, 뜨개질하다	mend 수선하다
habit [hǽbit]	*n.* 버릇, 습관, 습성, 기질, 성질	habitual 습관적인
inhabit [inhǽbit]	*v.* 살다, 거주하다, 존재하다	habitat 서식지 inhabitant 거주자
exhibit [igzíbit]	*v.* 전시하다, 출품하다, 내보이다	exhibition 전시, 전시회 display 전시하다
prohibit [prouhíbit]	*v.* 금하다, 제지하다, 방해하다	prohibition 금지, 방해 hinder 방해하다
orbit [ɔ́:rbit]	*n.* (천체의) 궤도 *v.* 선회하다	revolve 회전하다
edit [édit]	*v.* 편집하다	edition 간행본 editor 편집자
credit [krédit]	*n.* 신용, 신뢰, 신용, (외상) 거래	credible 믿을 수 있는 incredible 믿을 수 없는
discredit [diskrédit]	*n.* 불신, 불명예 *v.* 의심하다	disgrace 불명예

Our ancestors inhabited an innocent world where there was not much news.

우리 조상들은 뉴스거리가 많지 않은 순수한 세계에 살았다.

암기 후 영어쪽을 가리고 우리말을 영어로 연상해 보자.

공통어미 ⟨it⟩으로 끝나는 단어

explicit [iksplísit]	*a.* 명백한, 숨김없는, 솔직한	manifest 명백한
profit [práfit]	*n.* 이익, 수익, 이윤, 이득	profitable 유리한, 유익한 advantage 이익
submit [səbmít]	*v.* 복종하다, 굴복하다, 부탁하다	submission 복종, 굴복 surrender 굴복하다
admit [ædmít]	*v.* 허락하다, 인정하다	admission 승인, 입장(허가) permit 허락하다
emit [imít]	*v.* 내뿜다, 방출하다	emission 방사, 발산 expel 추방하다
commit [kəmít]	*v.* 위임하다, 저지르다, 죄를 범하다	commitment 위탁
summit [sΛmit]	*n.* 정상, 절정, 꼭대기, 정상 회담	ex) summit talk 정상회담
omit [oumít]	*v.* 생략하다, 빠뜨리다, 게을리하다	omission 생략 eliminate 제거하다
permit [pərmít]	*v.* 허락하다, 용납하다, 묵인하다	permission 허가, 승인 allow 허락하다
transmit [trænsmít]	*v.* ~을 발송하다, 전염시키다	transmission 송달, 전송 communicate 감염시키다
limit [límit]	*n.* 한계, 경계 *v.* 한정(제한)하다	imitation 한정, 제한 restrict 제한하다
merit [mérit]	*n.* 가치, 장점, 공적, 이점	demerit 단점(fault) worth 가치
spirit [spírit]	*n.* 정신, 마음, 영혼, 신령	spiritual 정신의, 정신적인
deposit [dipázit]	*n.* 예금 *v.* 놓다, 맡기다, 예금하다	place 놓다

기출문제

In many plays and movies, men, not women, usually commit violent crime.

많은 연극과 영화에서, 주로 여자들이 아닌 남자들이 폭력적인 범죄를 저지른다.

acquit [əkwít]	v. 석방하다, 무죄로 하다	forgive 용서하다
lime [laim]	n. 석회, 끈끈이 v. 석회를 뿌리다	limb 사지, 팔다리
crime [kraim]	n. (법률상의) 죄(범죄)	criminal 범인, 범죄의
prime [praim]	a. 제일의, 근본의, 주요한	primary 첫째의, 초기의 primitive 원시의, 초기의
sublime [səbláim]	a. 숭고한, 고상한	noble 고상한
pantomime [pǽntəmàim]	n. 무언극, 판토마임	
sometime [sʌ́mtàim]	ad. 언젠가	someday 언젠가
sometimes [sʌ́mtàimz]	ad. 때때로, 가끔	occasionally 가끔
pastime [pǽstàim]	n. 오락, 기분 전환	amusement 오락
parttime [pá:rt tàim]	a. 시간제의 ad. 시간제로	
daytime [déitàim]	n. 낮, 주간	
springtime [spríŋtàim]	n. 봄, 봄철, 청춘	
summertime [sʌ́mərtàim]	n. 서머타임, 일광 절약 시간	
lifetime [láiftàim]	n. 일생, 평생, 생애	
meantime [mí:ntàim]	n. 짬, 중간 시간	
regime [rəʒí:m]	n. 정권, 정부, 체제 통치방식	ex) a military regime 군사정권

기출문제

Cultures sometimes vary tremendously in this regard.

문화는 때때로 이 점에서 엄청나게 가지각색이다.

암기 후 영어쪽을 가리고 우리말을 영어로 연상해 보자.

공통어미 〈iss〉로 끝나는 단어	**miss** [mis]	v. 놓치다, 잃다, 그리워하다	lose 잃다
	bliss [blis]	n. 더없는 행복, 천국의 행복	blissful 더 없이 행복한
	dismiss [dismís]	v. 해고하다, 추방하다	dismissal 해고, 면직 discharge 해고하다
공통어미 〈ift〉로 끝나는 단어	**lift** [lift]	v. 올리다, 들어올리다	raise 들어올리다
	gift [gíft]	n. 선물, 타고난 재능	talent 재능
	shift [ʃift]	v. 이동하다, 자리를 옮기다	transfer 옮기다
	drift [drift]	n. 표류 v. 표류하다	float 떠다니다
	thrift [θrift]	n. 절약, 검약, 검소	thrifty 절약하는, 아끼는 economy 절약
	shrift [ʃrift]	n. 고해, 속죄	
	swift [swift]	a. 빠른, 신속한	quick 빠른
	uplift [ʌplíft]	v. 들어 올리다, ~을 높이다	lift 들어올리다
공통어미 〈iece〉로 끝나는 단어	**apiece** [əpí:s]	ad. 하나씩, 각각	piece 조각
	masterpiece [mǽstərpi:s]	n. 걸작, 명작, 위대한 업적	master 주인

기출문제

This letter is to confirm that you will be dismissed from the company effective October 14, 1992.

이 편지는 당신이 1992년 10월 14일부로 회사에서 해고될 것임을 확인하기 위한 것이다.

| strict [strikt] | a. 엄한, 정확한 | ex) strict rule 엄격한 규칙
severe 엄한 |

* dict = say(말하다)

predict [pridíkt]	v. 예언하다, 예보하다	prediction 예언, 예보 forecast 예보하다
contradict [kàntrədíkt]	v. 부정하다, 반박하다	contradiction 반박, 부인 dispute 반박하다
addict [ǽdikt]	n. (마약 등의) 중독자	addiction 중독, 탐닉 ex) a football addict 축구광
afflict [əflíkt]	v. 괴롭히다	bother 괴롭히다
conflict n.[kánflikt|kɔ́n-], v.[kənflíkt]	v. 대립하다, 모순되다 n. 싸움, 투쟁, 대립	combat 싸움
inflict [inflíkt]	v. 고통을 주다, 고통을 가하다	impose 부과하다
depict [dipíkt]	v. 표현(묘사)하다, 서술하다	depiction 묘사, 서술 describe 서술하다
convict [kənvíkt]	v. (유죄를) 증명하다 n. 죄인, 죄수	conviction 유죄판결, 확신 criminal 죄인
restrict [ristríkt]	v. 제한하다, 한정하다, 감금하다	restriction 제한, 금지 confine 감금하다
district [dístrikt]	n. 구역, 지역, 지방	ex) the business district 상업 지역

기출문제

People are sometimes afflicted with loneliness.

사람들은 종종 외로움에 고통 받는다.

암기 후 영어쪽을 가리고 우리말을 영어로 연상해 보자.

**공통어미
⟨ight⟩로
끝나는 단어**

light [lait]	n. 빛 a. 가벼운 v. 불을 붙이다	lighthouse 등대
might [mait]	n. 힘, 세력, 권력 aux.~일지도 모른다	mighty 강력한, 힘센
right [rait]	a. 올바른 ad. 바르게	righteous 올바른, 의로운
sight [sait]	n. 시야, 시계, 시각, 시력, 광경	vision 시야
tight [tait]	a. 단단한, 견고한, 엄한	tightly 단단히 tighten 죄다, 수축시키다
flight [flait]	n. 비행, 날기, 비행기	ex) flight attendant 비행기 승무원
plight [plait]	n. 곤경, 궁지, (나쁜) 상태	difficulty 역경
slight [slait]	a. 하찮은, 보잘것 없는, 사소한	slightly 약간, 조금
bright [brait]	a. 빛나는, 밝은, 영리한	brightly 밝게, 환히
fright [frait]	n. 공포, 놀람, 경악	frighten 섬뜩하게 하다 frightened 깜짝 놀란
twilight [twáilàit]	n. 황혼, 땅거미	sunset 해질녘
delight [diláit]	n. 기쁨, 즐거움 v. 기쁘게 하다	delightful 매우 기쁜
midnight [mídnàit]	n. 한밤중 a. 캄캄한	
overnight [óuvərnáit]	ad. 밤새도록, 하룻밤, 사이에	

기출문제

Clothing, however, might have a temporary effect on the behavior of the child, but not a lasting effect.

그러나 옷이 아이의 행동에 일시적인 영향을 미칠지도 모르나, 지속적인 것은 아니다.

공통어미 〈ist〉로 끝나는 단어

insight [ínsàit]	n. 통찰력	sight 시야, 시각
enlist [inlíst]	v. 징병에 응하다, 참가(협력)하다	enlistment 병적 편입 enroll 등록하다
chemist [kémist]	n. 화학자, 약제사	chemistry 화학 chemical 화학의, 화학 제품
pessimist [pésəmist]	n. 비관론자, 염세주의자	pessimism 비관주의 pessimistic 비관(염세)적인
optimist [áptəmist]	n. 낙천가, 낙천주의자	optimism 낙천(낙관)주의 optimistic 낙관(낙천)적인
florist [flɔ́:rist]	n. 꽃장수, 화초재배자	
dentist [déntist]	n. 치과의사	dental 치아의 dentistry 치아의술(업)

* sist = stand(서다)

assist [əsíst]	v. 원조(조장)하다 n. 원조, 조력	assistance 도움, 보조 assistant 조수
consist [kənsíst]	v. ~로 이루어져 있다, 일치하다	consistent 시종일관한 consistence 일치
insist [insíst]	v. 강조(주장)하다, 강요하다, 조르다	insistence 주장
resist [rizíst]	v. 저항하다, 반항하다	resistance 저항 resistant 저항하는 사람
persist [pərsíst]	v. 끝까지 해내다, 관철(지속)하다	persistent 고집하는, 끈덕진 persistently 끈덕지게
subsist [səbsíst]	v. 살아나다, 존속하다, 부양하다	subsistence 생존, 생계
exist [igzíst]	v. 존재하다, 있다, 실존하다	existence 존재 existent 존재하는
coexist [kòuigzíst]	v. 공존하다	coexistence 공존

기출문제

This suggests that much of the value of art for a child consists in making it.

이것은 아이들에게는 예술품의 가치의 상당 부분이 만드는 것으로 이루어져 있다는 것을 암시한다.

암기 후 영어쪽을 가리고 우리말을 영어로 연상해 보자.

공통어미 ⟨ief/ieve⟩ 로 끝나는 단어	thief [θi:f]	n. 도둑, 좀도둑	theft 도둑질 thieve 훔치다
	brief [bri:f]	a. 간결한, 짧은, 단시간의	briefly 간단히
	grief [gri:f]	n. 슬픔, 비탄, 큰 고뇌, 재난	grieve 슬퍼하다 grievous 슬픈, 통탄할
	belief [bilí:f]	n. 믿음, 신념, 신용, 확신, 신앙	believe 믿다(trust) believable 믿을 수 있는
	relief [rilí:f]	n. (고통의) 경감, 제거, 구원, 위안	relieve 경감하다, 안도시키다
	mischief [mísʧif]	n. 화(재해), 손해, 장난	mischievous 유해한
	thieve [θi:v]	v. 훔치다	thievish 훔치는 버릇이 있는 theft 도둑질, 도둑
	grieve [gri:v]	v. 슬퍼하다, 슬프게하다	grief 큰 슬픔 grievous 슬픈
	believe [bilí:v]	v. 믿다, 신용하다	belief 믿음 believable 믿을 수 있는
	relieve [rilí:v]	v. (고통을) 경감하다, 덜다	relief 경감, 안도
	retrieve [ritrí:v]	v. 되찾다, 회수하다, 만회하다	regain 되찾다
공통어미 ⟨ild⟩로 끝나는 단어	wild [waild]	n. 황무지 a. 야생의, 야만의	wildness 야생, 황폐 wilderness 황무지
	build [bild]	v. (집을) 짓다, 건축하다	building 건물
	rebuild [ribíld]	v. 재건하다, 다시, 세우다	reconstruct 재건하다

기출문제

The idea of achieving security through an arms race is a false belief.

무기 경쟁을 통해 보안을 이룩해 낸다는 생각은 헛된 믿음이다.

공통어미 ⟨ield⟩로 끝나는 단어	field [fiːld]	*n.* 벌판, 들, 광장	ex) battle field 싸움터
	yield [jiːld]	*v.* 산출하다, 생산하다 굴복하다	surrender 굴복하다
	shield [ʃiːld]	*n.* 방패, 보호물 *v.* 수호하다	guard 수호하다
	windshield [wíndʃiːld]	*n.* (자동차의) 바람막이 유리	wind (바람) + shield (방패)
공통어미 ⟨ir⟩로 끝나는 단어	stir [stəːr]	*v.* 휘젓다, 자극하다, 동요하다	agitate 동요하다
	souvenir [sùːvəníər]	*n.* 기념품, 토산품	monument 기념비
공통어미 ⟨irm⟩으로 끝나는 단어	firm [fəːrm]	*a.* 굳은, 단단한, 견고한	firmly 확고히, 단단히 infirmity 허약, 병약
	confirm [kənfɔ́ːrm]	*v.* 확증하다, 확실히하다	confirmation 확정
	affirm [əfɔ́ːrm]	*v.* 단언(확언)하다	affirmative 긍정의 affirmation 단언
	infirm [infɔ́ːrm]	*a.* 허약한	infirmity 병약 weak 약한
공통어미 ⟨igh⟩로 끝나는 단어	sigh [sai]	*n.* 한숨 *v.* 한숨 쉬다	ex) sigh with relief 안도의 한숨을 쉬다
	thigh [θai]	*n.* 넓적다리, 허벅지	ex) chicken thigh 닭의 넓적다리

기출문제

I firmly believe drastic measures should be taken before it's too late.

나는 너무 늦기 전에 철저한 조치가 취해져야 한다고 굳게 믿고 있다.

암기 후 영어쪽을 가리고 우리말을 영어로 연상해 보자.

공통어미 〈ob〉로 끝나는 단어	mob [mab]	n.	폭도, 구경꾼, 민중 집단	crowd 군중
	rob [rab]	v.	빼앗다, 강탈하다, 도둑질하다	robbery 강도질, 강탈
	sob [sab]	v.	흐느껴 울다, 숨을 헐떡거리다	sobbing 흐느껴 울고 있는
	throb [θrab]	v.	고동치다, 맥박치다	pound 두근거리다
공통어미 〈od/odd〉로 끝나는 단어	nod [nad]	v.	끄덕이다, 가볍게 인사하다	ex) nod your head 머리를 끄덕이다
	rod [rad]	n.	막대기, 작은 가지	ex) a fishing rod 낚싯대
	sod [sad]	n.	잔디, 잔디밭	lawn 잔디
	method [méθəd]	n.	방법, 방식, 순서	methodical 질서정연한
	period [píːəriəd]	n.	시대, 시기, 단계	periodical 정기간행물 periodically 정기적으로
	odd [ad]	a.	이상한, 기묘한, 홀수의	eccentric 기묘한
공통어미 〈omb〉으로 끝나는 단어	bomb [bam]	n.	폭탄, 수류탄	ex) atomic bomb 원자폭탄
	comb [koum]	n. v.	(머리) 빗 빗질하다, 수색하다	유 search 수색하다
	tomb [tuːm]	n. v.	무덤 ~을 매장하다	bury 매장하다 tombstone 묘석

기출문제

Grappling was a predominant method of combat.
격투는 우세한 전투 방법이었다.

124

공통어미 〈old〉로 끝나는 단어	**bold** [bould]	*a.*	대담한, 용감한, 버릇 없는	ex) a bold attempt 대담한 시도
	fold [fould]	*v.*	~을 접다, 접어서 겹치다	envelop 접다
	hold [hould]	*v.*	손에 들다, 쥐고 있다	grasp 꽉쥐다
	mold [mould]	*n.* *v.*	틀, 거푸집 형성하다	organize 조직하다
	scold [skould]	*v.*	꾸짖다, 잔소리를 하다	rebuke 꾸짖다
	uphold [ʌphóuld]	*v.*	받치다, 옹호(후원)하다	support 후원하다
	behold [bihóuld]	*v.*	~을 보다, 주시하다	observe 관찰하다
	withhold [wiðhóuld	wiθ-]	*v.*	보류하다, 미루어 두다	refrain 삼가다
	unfold [ʌnfóuld]	*v.*	펴다, 나타내다, 보이다	reveal 나타나다
공통어미 〈ond〉로 끝나는 단어	**blond** [bland]	*a.*	금발의, (피부가) 흰	
	diamond [dáiəmənd]	*n.*	다이아몬드	
	respond [rispánd]	*v.*	답하다, 대답하다	response 응답 responsive 바로 대답하는
	correspond [kɔ́:rəspánd]	*v.*	~에 해당하다, ~에 상당하다	correspondence 일치,통신 correspondent 통신원,특파원
	beyond [biánd	bijánd]	*prep.*	~의 저쪽에	ex) beyond doubt 의심할 여지 없이

기출문제

The bar graph above shows the familiarity of the respondents with five prominent social media in 2007 and 2008.

위 막대 그래프는 다섯 개의 저명한 사회적 매체에 대한 2007년과 2008년의 응답자들의 친숙도를 나타낸다.

암기 후 영어쪽을 가리고 우리말을 영어로 연상해 보자.

공통어미 〈ock〉로 끝나는 단어	mock [mak]	n. 조소 v. 조소하다	mockery 조롱, 흉내냄
	rock [rak]	n. 바위 v. 흔들다, 동요하다	sway 흔들다
	shock [ʃak]	n. 충격, 충돌 v. 충격을 주다	shocking 소름 끼치는
	block [blak]	n. 덩어리, 나무 토막, 한 구획	blockage 봉쇄
	flock [flak]	n. (양, 염소의) 떼, 짐승의 무리	ex) a flock of sheep 양떼
	stock [stak]	n. 재고, 저장(품) v. 비축하다	accumulate 비축하다
	unlock [ʌnlák]	v. ~의 자물쇠를 열다	
공통어미 〈ong〉으로 끝나는 단어	long [lɔːŋ]	a. 긴, 오랜 v. 열망하다	longevity 장수
	throng [θrɔːŋ]	n. 군중, 인파 v. 붐비다	crowd 군중
	wrong [rɔːŋ]	a. 나쁜, 틀린	mistaken 틀린
	along [əlɔːŋ]	prep. ~을 따라 ad. 따라서	ex) along with ~와 함께
	belong [bilɔːŋ]	v. ~에 속하다, ~의 것이다	belonging 소지품, 소유물
	prolong [prəlɔːŋ]	v. 연장하다, 길게 하다	prolonged 오래 끄는
	lifelong [láiflɔːŋ]	a. 일생의, 평생의	lifeboat 구명정 lifetime 일생

기출문제

They floated completely along the North Pacific currents, ending up back in Sitka.

그들은 순전히 북태평양 해류를 따라 떠다녔고, 마지막에는 Sitka로 되돌아왔다.

billion [bíljən]	*n.* 10억	bill 어음, 계산서, 지폐
million [míljən]	*n.* 100만	millionaire 백만장자
religion [rilídʒən]	*n.* 종교, 신앙, 종파	religious 종교의
contagion [kəntéidʒən]	*n.* 전염(병), 접촉	contagious 전염성의
suspicion [səspíʃən]	*n.* 의심, 의혹, 혐의	suspicious 의심스러운 suspect 의심하다
fashion [fǽʃən]	*n.* 유행, 패션, 풍습, 관습	fashionable 유행의
companion [kəmpǽnjən]	*n.* 동료, 상대, 친구	companionship 동료애 company 친구, 일행, 회사
union [júːnjən]	*n.* 결합, 연합, 합병	ex) union member 노동조합원
reunion [rijúːnjən]	*n.* 재통합, 재결합	reunify 다시 통일하다 reunification 재통일
scorpion [skɔ́ːrpiən]	*n.* (동물) 전갈	

(s)+ion

occasion [əkéiʒən]	*n.* 경우, 원인, 특별 행사	occasional 우연한, 때때로의 occasionally 때때로
vision [víʒən]	*n.* 시력, 환상, 상상력	visible 눈에 보이는 visionary 환상의, 공상적인
tension [ténʃən]	*n.* 긴장, 불안	tense 긴장한, 긴박한
passion [pǽʃən]	*n.* 열정, 격정, 정열, 연정	passionate 열정적인
compassion [kəmpǽʃən]	*n.* 연민, 동정	compassionate 자비로운, 동정심 있는
mission [míʃən]	*n.* 임무, 사명, 특별임무 사절단, 파견단	missionary 선교사

기출문제

You have absolutely no evidence-only a suspicion based on coincidence.

당신에게는 단지 우연의 일치에 근거한 의심만 있을 뿐 증거는 전혀 없다.

암기 후 영어쪽을 가리고 우리말을 영어로 연상해 보자.

(t)+ion

session [séʃən]	n. (의회의) 개회(회기) (대학) 학기	ex) a training session 훈련기간
fusion [fjúːʒən]	n. 용해, 융해, 합동, 연합	fuse 녹이다, 융합하다, 결합하다
fraction [frǽkʃən]	n. (수학) 분수, 일부분	fragment 일부분
fiction [fíkʃən]	n. 소설, 허구, 꾸며낸 이야기	fable 우화
function [fʌ́ŋkʃən]	n. 작용, 직능, 효용, 목적, 기능	functional 기능의
junction [dʒʌ́ŋkʃən]	n. 결합, 접합, 연합	juncture 결합점, 이음매
ambition [æmbíʃən]	n. 대망, 야심, 야망, 열망	ambitious 야심 있는
tradition [trədíʃən]	n. 구전, 전통, 관습, 전설	traditional 전통적인, 전설의
expedition [èkspədíʃən]	n. 원정, 탐험, 탐험대	expeditionary 원정의
condition [kəndíʃən]	n. 상태, 처지, 조건	conditional 조건부의
nutrition [njuːtríʃən]	n. 영양, 영양 섭취, 자양물	nutritious 자양분이 있는 nutritionist 영양학자
position [pəzíʃən]	n. 위치, 장소, 입장, 처지	pose 자세
petition [pətíʃən]	n. 탄원, 탄원서 v. 탄원하다	appeal 간청하다
tuition [tjuːíʃən]	n. 수업, 수업료	ex) tuition fees 수업료

기출문제

Some physicians emphasize the functions of the body and attempt to find new medicines.

몇몇 내과 의사들은 몸의 기능을 강조하고 새로운 약을 찾아보려고 시도한다.

intuition [intjuːíʃən]	*n.* 직관, 통찰력	intuitive 직관적인
mention [ménʃən]	*v.* ~에 대해 말하다, 언급하다	refer 언급하다
convention [kənvénʃən]	*n.* 회의, 모임, 관습, 전통	convene 회의를 소집하다 conventional 전통적인
motion [móuʃən]	*n.* 움직임, 운동, 이동, 동작, 몸짓	gesture 몸짓 motionless 움직이지 않는
emotion [imóuʃən]	*n.* 감격, 감동, 감정, 정서	emotional 감정(정서)의
notion [nóuʃən]	*n.* 관념, 개념, 생각, 의견	ex) popular notion 널리 알려진 개념
portion [pɔ́ːrʃən]	*n.* 몫, 일부, (음식)1인분 *v.* 분배하다	share 분배하다
proportion [prəpɔ́ːrʃən]	*n.* (수·양 등의) 비, 비율	ex) in proportion to ~에 비례하여
question [kwéstʃən]	*n.* 질문, 질의 *v.* 묻다	questionnaire 질문서
caution [kɔ́ːʃən]	*n.* 조심, 경계, 경고 *v.* 경고하다	warning 경고 cautious 조심(경계)하는
precaution [prikɔ́ːʃən]	*n.* 예방책, 예방 수단	precautious 주의 깊은 precautionary 예방의
congestion [kəndʒéstʃən]	*n.* 밀집, (교통) 정체, 혼잡	congest 혼잡하게 하다
conjunction [kəndʒʌ́ŋkʃən]	*n.* 결합, 연합	combination 결합
vocation [voukéiʃən]	*n.* 천직, 직업	occupation 직업
vegetation [vèdʒətéiʃən]	*n.* 식물, 초목	vegetable 채소 vegetarian 채식주의자
auction [ɔ́ːkʃən]	*n.* 경매 *v.* 경매하다	ex) sell by auction 경매하다

기출문제

Although every nerve in his body cautioned otherwise, he slowly pushed
open the door.

그의 몸의 모든 신경이 그러지 말라고 경고하였음에도 불구하고, 그는 천천히 문을 열었다.

암기 후 영어쪽을 가리고 우리말을 영어로 연상해 보자.

공통어미 **〈oll/ol〉로** **끝나는 단어**	roll [roul]	n. 기록 v. 구르다	roller 땅 고르는 기계(롤러)
	toll [toul]	n. 통행세, 통행료	ex) toll-free call 무료 전화
	stroll [stroul]	v. 산책하다, 방랑하다 n. 산책	walk 산책하다
	enroll [inróul]	n. 명부에 올리다, 병적에 넣다	enrollment 등록, 입학, 기재
	control [kəntróul]	v. 지배하다, 관리하다 n. 지배, 통제	ex) without control 제 멋대로
	patrol [pətróul]	n. 순찰 v. 순회하다	ex) a border patrol 국경 순찰대
	idol [áidl]	n. 우상	idolize 우상화하다 idolater 우상 숭배자
공통어미 **〈op〉로** **끝나는 단어**	mop [map]	n. (자루 달린) 걸레 v. 걸레로 닦다	ex) mop the floor 마루 바닥을 걸레로 닦다
	chop [tʃap]	v. (도끼로) 찍다, 자르다, 패다	chopstick 젓가락
	crop [krap]	n. 수확, 농작물, 작황	harvest 수확
	drop [drap]	v. (물건을) 떨어뜨리다, 떨어지다	fall 떨어지다
	bishop [bíʃəp]	n. (카톨릭 교회의) 주교	bi + shop
	develop [divéləp]	v. 발전(발달)하다, 발육하다	development 발달, 발전
	envelop [invéləp]	v. ~을 싸다, ~을 봉해 넣다	envelope 봉투

기출문제

By restricting the numbers of licenses it issues, a government can control free trade.

발행하는 면허 수를 제한함으로써, 정부는 자유 무역을 통제할 수 있다.

공통어미 〈om〉으로 끝나는 단어	seldom [séldəm]	*ad.* 좀처럼 ~않다 *a.* 드문	rarely 드문
	random [rǽndəm]	*a.* 닥치는 대로의, 되는 대로의	ex) random bombing 무차별 공격
	bosom [búzəm]	*n.* 가슴, 흉부, 마음	mind 마음
	blossom [blásəm]	*n.* 꽃, 개화, 청춘 *v.* 꽃피다, 번영하다	flourish 번영하다
	symptom [símptəm]	*n.* 징후, 증상	ex) flue symptoms 독감 증상
	custom [kʌ́stəm]	*n.* 습관, 관습, 관례	customs 세관 customary 통례적인
	accustom [əkʌ́stəm]	*v.* 익히다, 습관들이다	accustomed 익숙한
	bottom [bátəm]	*n.* 하부, 기슭, 밑바닥, 기초	bottomless 밑바닥이 없는
공통어미 〈ost〉로 끝나는 단어	frost [frɔ:st]	*n.* 추위, 혹한 *v.* 서리가 내리다	frostly 서리가 내리는
	host [houst]	*n.* (손님 접대하는) 주인, TV사회자	hostess 여주인 guest 손님
	most [moust]	*a.* 가장 많은, 대개의, 대부분의	mostly 대개, 주로
	ghost [goust]	*n.* 유령, 귀신, 망령	phantom 유령
	almost [ɔ́:lmoust]	*ad.* 거의, 거진, 대체로	nearly 거의
	utmost [ʌ́tmòust]	*a.* 가장 먼, 최대의, 극도의	ex) utmost importance 최고 중요한 것

기출문제

We might look up symptoms on the internet.

우리는 인터넷에서 증상들을 찾아볼 수 있다.

암기 후 영어쪽을 가리고 우리말을 영어로 연상해 보자.

공통어미
〈on〉로
끝나는 단어

carbon [káːrbən]	n. 탄소	ex) carbon dioxide 이산화탄소
beacon [bíːkən]	n. 횃불, 봉화, v. (안표가 되는) 탑	lighthouse 등대
abandon [əbǽndən]	v. 버리다, 포기하다, 단념하다	abandonment 포기
wagon [wǽgən]	n. (4륜의) 짐마차	wag 흔들다, 흔들리다 (shake)
reckon [rékən]	v. 세다, 계산하다, ~으로 간주하다	suppose 추측하다
gallon [gǽlən]	n. (도량형의 단위) 갤런	gall 쓸개즙
demon [díːmən]	n. 악마, 악령, 악마같은 사람	devil 악마
salmon [sǽmən]	n. 연어, (연어 류의) 물고기	ex) smoked salmon 훈제 연어
common [kámən]	a. 보통의, 공공의, 평범한	ordinary 보통의 ex) common sense 상식
uncommon [ʌnkámən]	a. 보기 드문, 희귀한	rare 희귀한
persimmon [pəːrsímən]	n. 감, 감나무	
summon [sámən]	v. 호출하다, 소환(소집)하다	summons 소환
sermon [sə́ːrmən]	n. 설교, 훈계, 잔소리	ex) give a sermon 설교하다
weapon [wépən]	n. 무기, 병기, 흉기	ex) carry a weapon 무기를 지니다

기출문제

Interestingly, art in tribal societies is frequently abandoned after it has served its purpose.

흥미롭게도, 부족 사회에서 예술은 그것의 목적에 이바지한 후에는 자주 버려진다.

apron [éiprən]	n. 앞치마, 무릎 덮개	
matron [méitrən]	n. (지체 높은) 부인	
electron [iléktran]	n. 전자, 일렉트론	electric(electrical) 전기의 electronic 전자의
reason [ríːzn]	n. 이유, 동기, 판단력, 이성	reasonable 합리적인 reasonably 합리적으로
season [síːzn]	n. 계절, 철 v. 조미하다	seasoning 조미료 seasoned 조미한, 맛을 낸
poison [pɔ́izn]	n. 독, 독약 v. 해치다	poisonous 유독한, 독이 있는 poisoner 독살자
prison [prízn]	n. 감옥, 교도소, 구치소	prisoner 포로
imprison [imprízn]	v. 구금하다, 교도소에 넣다	imprisonment 투옥
person [pə́ːrsn]	n. 사람, 인간, 인격	personal 개인의, 개인적인 personality 개성
skeleton [skélətn]	n. 해골, 뼈대, 골격	ex) a human skeleton 사람의 해골
cotton [kάtn‖kɔ́tn]	n. 솜, 면화	ex) cotton goods 면제품
pardon [pάːrdn]	v. 용서하다, 관대히 봐주다	forgive 용서하다
horizon [həráizn]	n. 지평선, 수평선	horizontal 지평선의, 수평면의
champion [tʃǽmpiən]	n. 우승자, 챔피언, 선수권 보유자	winner 우승자
canyon [kǽnjən]	n. 협곡	valley 협곡

 기출문제

Look at that ship on the horizon.

수평선에 있는 저 배를 보아라.

암기 후 영어쪽을 가리고 우리말을 영어로 연상해 보자.

공통어미
〈or〉로
끝나는 단어

junior [dʒúːnjər]	a. 손아래의, 후배의 n. 연소자, 후배	younger 연소자
senior [síːnjər]	a. 연상의, 연장의 n. 연장자, 선배	superior 상위의
inferior [infíəriər]	a. 아래의, 하급의, 열등한	inferiority 열등
superior [sjuːpíəriər]	a. ~보다 뛰어난, 우수한, 능가하는	better 더 좋은
interior [intíəriər]	a. 내부의, 국내의, 안에 있는	inside 내부의
exterior [ikstíəriər]	a. 외부의, 바깥쪽의	interior 내부의
posterior [pɔstíəriər]	a. 뒤의, 다음의, 나중의	
labor [léibər]	n. 노동, 노력, 수고, 노동자	laborious 힘든, 어려운
ambassador [æmbǽsədər]	n. 대사, 사절	
corridor [kɔ́ːridər]	n. 복도	passage 통로
splendor [spléndər]	n. 화려함, 장관, 탁월함	splendid 아주 멋진 splendidly 훌륭하게
rigor [rígər]	n. 엄함, 어려움, 곤궁	rigorous 엄한
vigor [vígər]	n. 활기, 정력, 체력, 활력	vigorous 원기왕성한 invigorate 활기를 돋우다
author [ɔ́ːθər]	n. 저자, 작가, 저서, 작품, 창시자	authorize 권한을 부여하다 authorization 권한 부여

기출문제

A week's labor might have yielded one goat.

일주일의 노동은 염소 한 마리의 가치가 있었을 수도 있다.

major [méidʒər]	*a.* 중요한, 대부분의, 대다수의	majority 대다수 🔄 minority 소수
minor [máinər]	*a.* 보다 작은, 소수의, 열등한	minority 소수(민족)
vapor [véipər]	*n.* 증발, 기체 *v.* 증발시키다	ex) water vapor 수증기
error [érər]	*n.* 오류, 잘못, 과실	err 실수하다 erroneous 잘못된
horror [hɔ́:rər]	*n.* 공포, 전율, 무서운 것	horrible 무서운 horribly 무시무시하게
sponsor [spɔ́nsər]	*n.* 보증인, 후원자, 스폰서 *v.* 후원하다	support 후원하다
equator [ikwéitər]	*n.* (the equator) 적도	longitude 경도 latitude 위도
factor [fǽktər]	*n.* 요인, 요소, 인자	element 요소
victor [víktər]	*n.* 승리자, 전승자, 정복자	victory 승리
monitor [mɑ́nətər]	*n.* 모니터 *v.* 감시하다, 검토하다	observe 관찰하다
traitor [tréitər]	*n.* 배반자, 반역자	🔄 betrayer, spy 배신자
sculptor [skʌ́lptər]	*n.* 조각가	sculpture 조각(품)
ancestor [ǽnsestər]	*n.* 조상, 선조	ex) a distant ancestor 먼 조상
favor [féivər]	*n.* 호의, 친절, 친절한 행위	favorite 매우 좋아하는 favorable 호의적인
flavor [fléivər]	*n.* 맛, 풍미, 조미료, 양념	taste 맛
endeavor [indévər]	*v.* 노력하다, 애쓰다	struggle 노력하다

 기출문제

In general, every achievement requires trial and error.

일반적으로 모든 성과는 시행 착오를 요구한다.

암기 후 영어쪽을 가리고 우리말을 영어로 연상해 보자.

형용사형
공통어미
〈ous〉로
끝나는 단어

tremendous [triméndəs]	a. 엄청나게 큰, 무시무시한	enormous 거대한
credulous [krédʒuləs]	a. (남을) 쉽사리 믿는	credit 신용 거래 credible 믿을 수 있는
ridiculous [ridíkjuləs]	a. 우스운, 터무니 없는	ridicule 비웃다
zealous [zéləs]	a. 열심인, 열광적인, 열정적인	zeal 열정, 열광
jealous [dʒéləs]	a. 질투심이 많은, 시샘하는	ⓢenvious 질투심 많은 jealousy 질투
enormous [inɔ́rməs]	a. 거대한, 막대한, 매우 큰	enormously 엄청나게
unanimous [juːnǽnəməs]	a. 만장일치의, 이의 없는	unanimously 만장일치로 unanimity 만장일치
synchronous [síŋkrənəs]	a. 동시의, 동시에 일어나는	synchronize 동시에 일어나다
monotonous [mənátənəs]	a. 단조로운, 변화가 없는	monotony 단조로움 monotonously 단조롭게
numerous [njúːmərəs]	a. 다수의, 수많은	ex) numerous attempts 수많은 시도들
ambiguous [æmbígjuəs]	a. 애매모호한, 분명치 않은	ambiguity 애매모호함 unambiguous 모호하지 않은
sumptuous [sʌ́mptʃuəs]	a. 고가의, 사치스러운, 화려한	ex) a sumptuous dress 사치스러운 드레스
strenuous [strénjuəs]	a. 활기찬, 분투적인, 열심인	active, vigorous, forceful
superfluous [supɔ́rfluəs]	a. 불필요한, 여분의, 남는	superfluity 여분, 과다

기출문제

There is so much to be won and lost for fans on both sides that one can sense an enormous tension.

양쪽의 팬들에게는 얻고 잃는 것이 너무나 많기에 엄청난 긴장감을 느낄 수 있다.

136

conspicuous [kənspíkjuəs]	*a.* 눈에 띄는, 똑똑히 보이는	prominent 저명한
frivolous [frívələs]	*a.* 경박한	frivolity 천박
gorgeous [gɔ́ːrdʒəs]	*a.* 화려한	gorgeously 화려하게
spontaneous [spantéiniəs]	*a.* 자연 발생의, 자발적인	spontaneity 자발성
precious [préʃəs]	*a.* 비싼, 귀중한	ex) precious time 귀중한 시간
suspicious [səspíʃəs]	*a.* 의심스러운, 수상한	suspect 의심하다 suspicion 의심, 혐의
capricious [kəpríʃəs]	*a.* 변덕스러운	capriciously 변덕스럽게
conscious [kánʃəs]	*a.* 의식하고 있는, 제 정신의	consciousness 의식, 지각 unconscious 의식불명의
ambitious [æmbíʃəs]	*a.* 대망(야심)을 품은	ambition 야망
anxious [æŋkʃəs]	*a.* 걱정하는, 불안한	anxiety 걱정, 근심, 불안
ingenious [indʒíːnjəs]	*a.* 영리한, 정교한, 교묘한	ingenuous 순진한 ingenuity 솜씨, 독창력
curious [kjúəriəs]	*a.* 호기심이 강한, 신기한	curiously 호기심에서 curiosity 호기심
notorious [noutɔ́ːriəs]	*a.* 악명이 높은, 소문난	renowned 유명한, 명성있는
serious [síəriəs]	*a.* 진지한, 진정한, 엄숙한, 중대한	important 중대한
pious [páiəs]	*a.* 경건한, 신앙심이 깊은	piety 신앙심, 경건한 행위
obvious [ábviəs]	*a.* 명백한, 분명한, 알기 쉬운	🔵 clear 명백한 🔴 obscure 모호한

형용사형
공통어미
〈ious〉로
끝나는 단어

기출문제

A job, however unpleasant or poorly paid, was a man's most precious
possession.

아무리 내키지 않고 박봉이라도 직업이란 인간의 가장 귀중한 재산이었다.

공통어미
〈ot〉로
끝나는 단어

dot [dat | dɔt]	*n.* 점, 반점, 얼룩 *v.* ~에 점을찍다	ex) dotted line 점선	
pot [pat | pɔt]	*n.* 단지, 화분 *v.* 화분에 심다	ex) tea pot 찻주전자	
rot [rat | rɔt]	*v.* 썩다, 부패하다, 썩히다	rotten 썩은, 부패한	
plot [plat | plɔt]	*n.* 음모 *v.* ~을 계획하다	conspiracy 음모	
spot [spat]	*n.* 얼룩, 오점, 약점, 결함	stain 얼룩	
trot [trat | trɔt]	*v.* 속보로 달리다	gallop 달리다	
knot [nat | nɔt] k = 묵음	*v.* ~을 매듭짓다 *n.* 매듭, 리본		
idiot [ídiət]	*n.* 바보, 멍청이, 천치, 정신 박약아	idiotic 바보의	
riot [ráiət]	*n.* 폭동, 소동, 소란, 뒤죽박죽	rioter 폭동자 riotous 폭동의	
chariot [ʧǽriət]	*n.* 전차, 4륜 경마차		
patriot [péitriət]	*n.* 애국자, 우국지사	patriotic 애국적인 patriotism 애국심	
pilot [páilət]	*n.* 수로 안내인 (항공) 조종사	aviator 비행사	
ballot [bǽlət]	*n.* 투표 용지, 투표 총수	cast a ballot 투표하다	
allot [əlát]	*v.* 할당하다, 분배하다	allotment 할당, 분배 allotted 할당된	

기출문제

Moles are dark spots on human skin.

점은 사람의 피부에 난 검은색 반점이다.

boycott [bɔ́ikat | -kɔt]	v. 거부하다, 불매운동하다	ex) boycotting foreign imports 외국수입품의 불매
bow [bau]	v. (머리 숙여) 인사하다	submit 굴복하다
vow [vau]	n. 맹세, 서약 v. 맹세하다	swear 맹세하다
row [rou]	n. 줄, 열 v. 배를 젓다	rower 노 젓는 사람
sow [sou]	v. 씨를 뿌리다, 파종하다	ex) sow seeds 씨를 뿌리다
tow [tou]	v. 끌다, 당기다, 견인하다	extract 추출하다
blow [blou]	v. (바람이) 불다, (악기를) 불다	ex) blow one's nose 코를 풀다
flow [flou]	v. 흐르다, 순환하다, 범람하다	stream 흐르다
glow [glou]	v. 빨갛게 타다 n. 백열(광)	ex) a dim glow 희미한 빛
plow [plau]	n. 쟁기 v. (쟁기로) 갈다	ex) plow a field 밭을 갈다
grow [grou]	v. 성장하다, 커지다, 늘어나다	growth 성장
throw [θrou]	v. ~을 던지다, (탄환을) 발사하다	pitch 던지다
endow [indáu]	v. 기부하다, 증여하다, 부여하다	endowment 기증, 기부
meadow [médou]	n. 목초지, 초원	pasture 목초지
allow [əláu]	v. 허락하다, 허가하다	allowance 수당, 용돈, 허용량
owe [ou]	v. ~에게 빚지고 있다	ex) owing to ~때문에

기출문제

The timeout can break the momentum and allows the coach to adjust the game plan.

타임아웃은 그 여세를 깨고 코치가 게임의 계획을 조정하는 것을 허락해준다.

암기 후 영어쪽을 가리고 우리말을 영어로 연상해 보자.

공통어미
⟨ow⟩로
끝나는 단어

below [bilóu]	prep. ~의 아래에 a. ~ 이하의	ex) below average 평균 이하
shallow [ʃǽlou]	a. 얕은, 천박한	ex) a shallow stream 얕은 시냇물
swallow [swálou]	v. 삼키다, 둘러싸다 n. 제비	ex) swallow food 음식을 삼키다
bellow [bélou]	v. 큰 소리로 울다, 울부짖다	howl 짖다
fellow [félou]	n. 남자, 사나이, 친구, 동지	ex) a fellow worker 직장 동료
pillow [pílou]	n. 베개, 베개 모양의 것	
mellow [mélou]	a. (과일이 익어) 달콤한, 감미로운 v. 익다	mature 익은
yellow [jélou]	n. 노란색 a. 노란색의	yellowish 누르스름한
billow [bílou]	n. 큰 파도, 큰 물결 v. 부풀다	big wave 큰 파도
follow [fálou]	v. ~의 뒤를 따르다, 동행하다	pursue 뒤 쫓다
hollow [hálou]	a. 속이 텅 빈, 공허한, 우묵한	vacant 공허한
arrow [ǽrou]	n. 화살, 활 모양의 것, 화살표	ex) a bow and arrow 활과 화살
narrow [nǽrou]	a. (폭이) 좁은, (마음이) 좁은	ex) a narrow street 좁은 도로
sorrow [sárou]	n. 슬픔, 비애, 비탄	sorrowful 슬픈

기출문제

People started to look shallow and selfish.

사람들은 천박하고 이기적으로 보이기 시작했다.

공통어미	**bor**row [bárou]	v. (돈을) 빌리다, 차용하다	borrower 차용인
	eyebrow [áibràu]	n. 눈썹, 내닫이 창	
	bestow [bistóu]	v. 수여하다, 부여하다	bestowal 증여
공통어미 〈oy〉로 끝나는 단어	**joy** [dʒɔi]	n. 기쁨, 즐거움	delight 기쁨
	en**joy** [indʒɔ́i]	v. 즐기다, 누리다	enjoyable 즐거운 enjoyment 즐거움, 유쾌함
	an**noy** [ənɔ́i]	v. 짜증나게 하다, 괴롭히다	annoyance 괴롭힘, 성가심
	em**ploy** [implɔ́i]	v. 고용하다, ~에 종사하다	employer 고용주 employment 고용
	de**ploy** [diplɔ́i]	n. 배열 v. 배치하다	deployment (무대의) 배치
	de**stroy** [distrɔ́i]	v. 파괴하다, 파멸시키다	destructive 파괴적인 destruction 파괴
	con**voy** [kánvɔi]	n. 호위대, 호위선, 호송, 호위	
	buoy [búːi | bɔ́i]	n. 부표, 구명대 v. ~을 뜨게 하다	
공통어미 〈olve〉로 끝나는 단어	**solve** [salv]	v. 해결하다	solution 해법, 해답, 용해 resolution 결심, 결의, 해결
	re**solve** [rizálv]	v. 해결하다, 결심(결의)하다	resolution 결심, 결의, 해결
	e**volve** [iválv]	v. 진화(발전)하다	evolution 진화(발전)
	in**volve** [inválv]	v. 포함하다, 연루시키다	involvement 말려 들게함, 연루

기출문제

The two companies eventually solved the technological problem.

두 회사는 결국에는 기술적 문제를 해결했다.

암기 후 영어쪽을 가리고 우리말을 영어로 연상해 보자.

공통어미 〈oke〉로 끝나는 단어	choke [tʃouk]	v. 질식시키다, 숨막히게 하다	ex) choke to death 질식사하다
	stroke [strouk]	n. 때리기, 한번 치기 v. 공을 치다	strike 때리다, 동맹파업
	evoke [ivóuk]	v. ~을 되살려 내다	evocation 불러냄, 초혼
	revoke [rivóuk]	v. 철회(취소)하다, 무효로 하다	cancel 취소하다
	provoke [prəvóuk]	v. 성나게 하다, (감정을) 일으키다	provocation 노하게 함 provocative 성나게 하는
공통어미 〈oad〉로 끝나는 단어	load [loud]	n. 짐, 부담, 걱정, 적재 화물	trouble 걱정
	broad [brɔːd]	a. 넓은, 광대한	wide 넓은 narrow 좁은
	abroad [əbrɔ́ːd]	ad. 외국으로, 외국에, 해외로	ex) go abroad 외국에 가다
공통어미 〈oam/oan〉으로 끝나는 단어	foam [foum]	n. 거품 v. 거품을 내다	foaming 거품이 이는
	roam [roum]	v. 돌아다니다, 배회하다	rove, wander, stroll
	loan [loun]	n. 빌려주기, 대부금 v. 빌려 주다	lend 빌려주다 borrow 빌리다
	moan [moun]	n. 신음 v. 신음하다	moaner 우는 소리 하는 사람
공통어미 〈oss〉로 끝나는 단어	moss [mɔːs]	n. 이끼, 습지, 늪	ex) moss-covered rocks 이끼가 낀 바위
	toss [tɔːs]	v. ~에 던지다, 내던지다	ex) toss and turn 잠을 못 자고 뒹굴다

기출문제

That's a very broad question.

그것은 매우 광범위한 질문이다.

	gross [grous]	*a.*	큰, 엄청난, 전부의, 총계의	total 전부의
	across [əkrɔ́ːs]	*prep.*	건너서, 저쪽에, ~의 저쪽에	cross 건너다, 가로지르다
	engross [ingróus]	*v.*	~에 열중하게 하다, 몰두시키다	engrossing 마음을 사로잡는
공통어미 〈oar〉로 끝나는 단어	**roar** [rɔːr]	*v.*	(맹수가) 포효하다, 짖다, 으르렁거리다	ex) the roar of the crowd 군중들의 아우성
	soar [sɔːr]	*v.*	높이 치솟다, 날아오르다	soaring prices 치솟는 물가
	uproar [ʌ́prɔ̀ːr]	*n.*	대소동, 소란	uproarious 소란한
공통어미 〈oak/oach〉 로 끝나는 단어	**soak** [souk]	*v.*	잠기다, 젖다, 스며 들다	saturate 흠뻑적시다
	croak [krouk]	*v.*	개골개골 울다, 깍깍 울다	
	coach [koutʃ]	*n.* *v.*	4륜마차, 객차 코치하다	
	approach [əpróutʃ]	*v.* *n.*	접근하다 접근법	access 접근하다
	reproach [ripróutʃ]	*n.* *v.*	비난, 질책 꾸짖다, 비난하다	self-reproach 자책 blame 비난하다

I'm afraid that may be too extreme an approach.

나는 그것이 너무나 극단적인 접근 방법이지 않을까 우려가 된다.

69

암기 후 영어쪽을 가리고 우리말을 영어로 연상해 보자.

공통어미 〈obe〉로 끝나는 단어	robe [roub]	n. 예복, 관복, 길고 헐거운 옷	rob 훔치다, 강탈하다
	globe [gloub]	n. 구, 공, 지구	global 지구의, 세계적인 globalize 세계화하다
	probe [proub]	n. 시험, 시도 v. 탐침으로 찾다	investigate 조사하다
	microbe [máikroub]	n. 세균, 미생물, 병원균	microphone 확성기 microscope 현미경
	wardrobe [wɔ́:rdroub]	n. 옷장, 양복장, (극장의) 의상실	
공통어미 〈ode〉로 끝나는 단어	code [koud]	n. 법전, 암호, 신호법	ex) moral code 도덕률
	mode [moud]	n. 양식, 방식, 방법	method 방법
	abode [əbóud]	n. 거처, 주소	dwelling place 거처
	episode [épəsòud]	n. 에피소드, 끼워 넣는 짧은 이야기	
	explode [iksplóud]	v. 폭발하다, 폭발시키다	explosion 폭발 explosive 폭발성의, 폭발물
공통어미 〈oe〉로 끝나는 단어	foe [fou]	n. 적(enemy)	ex) a foe of health 건강의 적
	toe [tou]	n. 발가락	
	woe [wou]	n. 불행, 재난, 고난	woeful 비참한

기출문제

Different modes of consumer behavior - different ways of spending money - do not surprise us.

소비자 행동의 다른 양식들, 즉 돈을 소비하는 여러 방식들은 우리를 놀라게 하지 않는다.

공통어미 〈ole〉로 끝나는 단어	**pole** [poul]	*n.* (천체의) 극 *v.* 극지, 막대기	polar 극지방의, 남(북)극의
	mole [moul]	*n.* 사마귀, 점, 두더지, 첩자	spot 반점
	role [roul]	*n.* 배역, 역할, 소임, 임무	function 역할
	sole [soul]	*n.* 발바닥, 구두창, 밑바닥 *a.* 단독의	single 독신의
	whole [houl]	*a.* 전부의, 전체의, 모든	wholesale 도매업 wholesaler 도매업자
	console [kənsóul]	*v.* ~을 위로하다	solace 위안 consolation 위로, 위안
공통어미 〈ome〉으로 끝나는 단어	**come** [kʌm]	*v.* 오다, 일어나다, 도착하다	arrive 도착하다
	become [bikʌ́m]	*v.* ~이 되다, ~에 어울리다	suit 어울리다
	income [ínkʌm]	*n.* 수입, 소득	ex) total income 총수입
	welcome [wélkəm]	*n.* 환영, 환대 *v.* 환영하다	hospitality 환대
	overcome [òuvərkʌ́m]	*v.* 압도하다, 이기다, 극복하다	conquer 극복하다
	outcome [óutkʌm]	*n.* 결과, 성과, 결론	consequence 결과
	handsome [hǽnsəm]	*a.* (남자가) 잘 생긴, 풍채 좋은, 상당한	ex) a handsome fortune 상당한 재산
	wholesome [hóulsəm]	*a.* 건강에 좋은, 건전한	healthy 건전한

기출문제

The whole is more than the sum of its parts.

전체는 부분들의 합 그 이상이다.

공통어미 〈one〉으로 끝나는 단어

cone [koun]	n. 원추형, 원추, 원뿔, 아이스 콘	ex) a cone shape mountain 원뿔 모양의 산
lone [loun]	a. 혼자의, 고독한, 외딴, 고립된	lonely 외로운 loneliness 외로움
zone [zoun]	n. 띠, 지대	territory 영토, 지역
clone [kloun | klɔn]	n. 복제 생물, 복제품	ex) the human clone 인간 복제
throne [θroun]	n. 왕좌, 옥좌, 교황좌	dethrone 폐위하다
alone [əlóun]	ad. a. 홀로	solitary 고독한
postpone [poustpóun]	v. 연기하다, 미루다	postponement 연기
microphone [máikrəfòun]	v. 확성기, 마이크로폰	microscope 현미경
telephone [téləfòun]	n. 전화, 전화기 v. 전화하다	ex) telephone booth 공중 전화 박스
monotone [mónətòun]	n. (읽는 방식이) 단조로움	monotony 단조로움 monotonous 단조로운
bygone [báigɔ(:)n]	a. 과거의, 지나간	

공통어미 〈ope〉로 끝나는 단어

cope [koup]	v. 대항하다	ex) cope with ~에 대처하다
hope [houp]	n. 희망, 기대 v. 희망하다	expectation 기대
pope [poup]	n. 로마 교황	priest 사제, nun 수녀, monk 수도사

기출문제

She was alone in her cottage waiting for her son.

그녀는 자신의 오두막에서 홀로 아들을 기다리고 있었다.

mope [moup]	*n.* 풀이 죽은 사람	mop 자루 걸레, 청소하다
scope [skoup]	*n.* 범위, 시야	range 범위
slope [sloup]	*n.* 경사, 비탈 *v.* 경사지다	incline 기울이다
telescope [téləskòup]	*n.* 망원경	ex) look through a telescope 망원경으로 보다
microscope [máikrəskòup]	*n.* 현미경	ex) an electric microscope 전자 현미경
envelope [énvəlòup]	*n.* 봉투, 싸는 것	envelop 싸다, 봉하다
note [nout]	*n.* 각서, 메모, 통고, 주의, 주목	notable 주목할만한 notably 명백하게
vote [vout]	*n.* 투표, 표결 *v.* 투표하다	voter 투표자
quote [kwout]	*v.* ~을 인용하다	quotation 인용

공통어미
⟨ote⟩로
끝나는 단어

＊**mote = move**(움직이다)

promote [prəmóut]	*v.* 촉진하다, 조장하다, 진급시키다	promotion 진급, 승진
emote [imóut]	*v.* 감정을 나타내다, 연기하다	emotion 감정 emotional 감정(정서)의
remote [rimóut]	*a.* 먼, 외딴, 냉담한	ex) a remote village 외딴 마을
denote [dinóut]	*v.* ~을 의미하다, ~의 표시이다	denotation 외면 indicate 표시하다
devote [divóut]	*v.* 바치다, 봉납하다, 헌납하다	devotion 헌신 devotee 신자

기출문제

A vote for number 3 means a vote for progress!

기호 3번에 투표하는 것은 진보를 위한 투표입니다.

암기 후 영어쪽을 가리고 우리말을 영어로 연상해 보자.

공통어미 〈ore〉로 끝나는 단어

단어	품사	뜻	연상
core [kɔːr]	n.	(과일의) 속, 핵심, 응어리	center 중심
lore [lɔːr]	n.	(예부터 내려오는) 지식	knowledge 지식
sore [sɔːr]	a.	아픈, 슬픈, 쓰라린	aching 아픈
chore [ʧɔːr]	n.	(가정의) 허드렛일, 잡일	routine 일상적인 일
score [skɔːr]	n.	득점(표), 점수, 성적	record 성적, 점수
snore [snɔːr]	v.	코를 골다	
store [stɔːr]	n.v.	(대형)상점, 저장 / 저장하다	storage 저장(고)
adore [ədɔ́ːr]	v.	숭배하다, 사모하다	adorable 귀여운, 사랑스러운 / adorer 숭배자
therefore [ðɛ́ərfɔ̀ːr]	ad.	그러므로, 따라서	consequently 그 결과
ignore [ignɔ́ːr]	v.	~을 무시하다, 묵살(기각)하다	ignorance 무지, 무식 / ignorant 무식한, 모르는
restore [ristɔ́ːr]	v.	회복하다, 부흥하다	restoration 회복

＊**plore** = cry (외치다)

단어	품사	뜻	연상
deplore [diplɔ́ːr]	v.	한탄하다, 애도하다	deplorable 통탄할
implore [implɔ́ːr]	v.	애원(간청)하다	crave 간청하다

기출문제

You therefore leap to the conclusion that the man in the black jacket has robbed the bank.

따라서 당신은 그 검은 웃옷을 입은 사람이 은행에서 강도질을 했다고 속단한다.

공통어미 〈ose〉로 끝나는 단어

explore [iksplɔ́:r]	v. 탐험하다, 답사하다	explorer 탐험가 exploration 탐험
pose [pouz]	n. 자세, 포즈 v. 포즈를 취하다	position 위치, 신분, 자세 positive 명확한, 긍정적인
close [klouz]	v. (문을) 닫다 a. 가까운	closely 가까이 closet 벽장, 찬장
prose [prouz]	n. 산문 a. 산문적인	ex) a prose writer 산문 작가
diagnose [dáiəgnòus]	v. 진단하다	diagnosis 진단

＊close = shut (닫다)

| enclose [inklóuz] | v. ～을 에워싸다, 두르다 | surround 둘러싸다 |
| disclose [disklóuz] | v. 폭로하다, 밝혀내다, 적발하다 | expose 폭로하다 |

＊pose = put (놓다)

compose [kəmpóuz]	v. 구성하다, 작곡하다	composition 구성, 작곡 component 구성 요소
expose [ikspóuz]	v. 드러내다, 노출시키다	exposure 드러남, 폭로
dispose [dispóuz]	v. 배치하다, 처리하다	disposal 처분, 처리 disposable 처분할 수 있는
oppose [əpóuz]	v. 반대하다, 방해하다	opposite 반대의 opposition 반대
propose [prəpóuz]	v. 제안하다, 신청하다	proposition 제안, 명제 proposal 제안, 청혼
suppose [səpóuz]	v. ～라고 가정하다	supposition 가정, 추측
impose [impóuz]	v. (세금·의무 등을) 부과하다	ex) impose a fine 벌금을 부과하다

기출문제

Suppose the car breaks down or we skid into a ramp or run over a dog...?

차가 고장 나거나 진입로로 미끄러져 들어가거나 개를 친다고 가정한다면…?

암기 후 영어쪽을 가리고 우리말을 영어로 연상해 보자.

**공통어미
⟨orce/ource⟩
로 끝나는
단어**

force [fɔːrs]	n. 힘, 폭력, 군대 v. ~을 강요하다	forceful 힘찬
enforce [infɔ́ːrs]	v. 시행(실행)하다, 강행(강요)하다	enforcement 실시, 시행
reinforce [riːinfɔ́ːrs]	v. ~을 보강(증강)하다	reinforcement 강화, 보강, 증원(군)
workforce [wɔ́ːrkfɔ̀ːrs]	n. 모든 종업원, 노동 인구(인원)	
divorce [divɔ́ːrs]	n. 이혼 v. 이혼하다	ex) get a divorce 이혼하다
source [sɔːrs]	n. 원천, 근원, 출처	foundation 토대
resource [ríːsɔːrs]	n. 자원, 물자, 재원	resourceful 자원이 풍부한 resourceless 자원이 없는

**공통어미
⟨ove⟩로
끝나는 단어**

shove [ʃʌv]	v. 밀다, 밀어젖히다 n. 밀기	push 밀다
grove [grouv]	n. 작은 숲, (감귤재배) 작은 과수원	
move [muːv]	v. 움직이다, 이사(이동)하다	movie 영화 movement 운동
remove [rimúːv]	v. ~을 옮기다, 이동하다	removal 제거

* **prove** ~을 증명하다, 입증하다 = **proof** 증거

approve [əprúːv]	v. 승인하다, 찬성하다	approval 승인, 찬성
disapprove [dìsəprúːv]	v. 부인하다, 비난하다	disapproval 반대, 불승인

기출문제

Some people still believe that they can achieve security by showing force.

어떤 이들은 무력을 보임으로써 보안을 이루어낼 수 있다고 여전히 믿고 있다.

공통어미
〈ord〉로
끝나는 단어

improve [imprú:v]	v. 개량하다, 개선하다	improvement 향상, 개선
reprove [riprú:v]	v. 비난하다, 꾸짖다	ex) reprove a student 학생을 꾸짖다
lord [lɔ:rd]	n. 주인, 우두머리, 군주	governor 지배자
word [wə:rd]	n. 말, 낱말, 약속	utterance 발언 expression 표현
sword [sɔ:rd]	n. 검, 칼, (the sword)	spear, lance 창
afford [əfɔ́:rd]	v. ~할 여유가 있다, ~할 수 있다, 주다	supply 공급하다

* cord = heart

accord [əkɔ́:rd]	v. 일치하다, 조화하다 n. 일치	accordance 일치 according to ~에 따르면
record n.[rékərd | -kɔ:rd], v.[rikɔ́:rd]	n. 기록, 음반, 경력 v. 기록하다	document 기록
discord n.[dískɔ:rd], v.[diskɔ́:rd]	n. 불일치, 불화 v. ~과 일치하지 않다	disagreement 불일치
concord [kánkɔ:rd]	n. (의견의) 일치, 화합, 조화	agreement 일치, 승낙

공통어미
〈ourse〉로
끝나는 단어

* course 진로, 과정, 방향 = direction 방향

intercourse [íntərkɔ̀:rs]	n. 교제	ex) social intercourse 사교
discourse n.[dískɔ:rs], v.[diskɔ́:rs]	n. 담화 v. 이야기하다, 담화하다	ex) public discourse 공공 담화

기출문제

Her principles did not accord with mine. It is in accordance with principles of law.

그녀의 원칙은 나의 원칙과 일치하지 않았다. 그것은 법의 원칙과 일치한다.

암기 후 영어쪽을 가리고 우리말을 영어로 연상해 보자.

공통어미
〈orm〉으로
끝나는 단어

* form = 형식에 따르다

form [fɔːrm]	n. 형태, 모양 v. 형성하다	formal 형식의 formation 형성
storm [stɔːrm]	n. 폭풍우, 폭우 v. 습격하다	stormy 폭풍우의
conform [kənfɔ́ːrm]	v. 순응하다, 맞추다, 일치시키다	conformity 적합, 일치 conformist 순응(준수)자
deform [difɔ́ːrm]	v. 불구로 만들다, 보기 싫게 하다	deformed 변형된, 불구의 deformation 변형
reform [rifɔ́ːrm]	v. 개혁(개선)하다, 교정하다	reformer 개혁가 reformation 개혁
inform [infɔ́ːrm]	v. 알리다, 통지하다	informative 정보를 주는 information 정보
perform [pərfɔ́ːrm]	v. 수행하다, 임무를 다하다	performer 실행(연기)자 performance 공연, 성과
uniform [júːnəfɔ̀ːrm]	n. 제복, 군복 a. 동형(同形)의	ex) a military uniform 군복
transform [trænsfɔ́ːrm]	v. (형태를) 바꾸다, 변형시키다	transformation 변형, 변모

공통어미
〈oud/owd〉
로 끝나는
단어

aloud [əláud]	ad. 큰 소리로, 큰 소리를 내어	loud 큰 소리의
proud [praud]	a. 자랑으로 여기는, 자부심이 강한	arrogant, haughty 거만한
crowd [kraud]	n. 군중 v. 꽉 채우다, 붐비다	multitude 다수, 군중
overcrowd [òuvərkráud]	v. ～에 사람을 너무 많이 넣다	

기출문제

Members must conform to rules of their society.

구성원들은 그들 사회의 규칙에 순응해야 한다.

공통어미 〈orn/ourn〉 으로 끝나는 단어	**thorn** [θɔ:rn]	*n.* (식물의) 가시	thorny 가시가 있는(많은)
	scorn [skɔ:rn]	*n.* 경멸, 모욕 *v.* 경멸하다	scornful 경멸적인, 경멸하는
	adorn [ədɔ́:rn]	*v.* 꾸미다, 장식하다	adornment 장식품, 꾸미기
	forlorn [fərlɔ́:rn]	*a.* 버려진, 쓸쓸한, 고독한	desolate 쓸쓸한
	stubborn [stʌ́bərn]	*a.* 고집센, 완고한	ex) stubborn resistance 완고한 저항
	mourn [mɔ:rn]	*v.* 한탄하다, 슬퍼하다	lament 슬퍼하다
	adjourn [ədʒə́:rn]	*v.* (회의 등을) 휴회하다, 연기하다	adjournment 휴회(정회)
	sojourn [sóudʒə:rn]	*v.* 묵다, 체류하다 *n.* 체류, 체재	sojourner 체류하는 사람
공통어미 〈ough〉로 끝나는 단어	**dough** [dou]	*n.* 가루 반죽, 반죽 덩어리	
	though [ðou]	*ad.* ~에도 불구하고	
	although [ɔ:lðóu]	*ad.* 비록 ~일지라도	ex) although it is cold 춥기는 하지만
	thorough [θə́:rou]	*a.* 철저한, 충분한, 완전한	thoroughly 완전히

＊**ough**가 [ʌf]로 발음된다.

	rough [rʌf]	*a.* (토지가) 울퉁불퉁한, 거치른	ex) rough hand 거친 손
	tough [tʌf]	*a.* 튼튼한, 단단한, 질긴, 어려운	ex) tough decision 어려운 결정

기출문제

Although the freezing wind pounds upon me, I feel flushed with warmth.

비록 얼어붙을 듯한 바람이 나를 때렸을지라도, 나는 따뜻함으로 상기된다.

암기 후 영어쪽을 가리고 우리말을 영어로 연상해 보자.

공통어미 ⟨ort⟩로 끝나는 단어

effort [éfərt]	n. 노력, 수고, 분투, 노고, 시도	effortless 노력하지 않는
comfort [kámfərt]	n. 위로, 안락 v. 위로(격려)하다	comfortable 안락한, 편안한
resort [rizó:rt]	n. 유흥지, 번화가 v. 의존하다	ex) a seaside resort 해변 휴양지

* port = carry

report [ripó:rt]	n. 보고, 보도 v. ∼을 보고하다	announce 발표하다
import [impó:rt]	v. 수입하다, 중대한 관계가 있다	importation 수입품 important 중요한
export n.[ékspɔ:rt], v.[ikspó:rt]	n. 수출 v. 수출하다	ex) an export market 수출 시장
support [səpó:rt]	v. 지지(지원)하다, 원조(부양)하다	😀 assist 원조하다 maintain 부양하다
transport n.[trǽnspɔ:rt], v.[trænspó:rt]	n. 수송, 운송 v. 수송(운송)하다	transportation 운송, 교통
passport [pǽspɔ:rt]	n. 여권, 통행 허가증	pass 지나가다, 급제하다

공통어미 ⟨owl⟩로 끝나는 단어

fowl [faul]	n. 닭, 닭고기, 새고기, 조류	동음어 foul 역겨운, 더러운
howl [haul]	v. (개가) 짖다, 울부짖다	howling 울부짖는
growl [graul]	v. 불평하다, 투덜거리다	😀 complain 불평하다
scowl [skaul]	n. 찌푸린 얼굴 v. 찌푸리다, 노려보다	😀 frown 얼굴을 찌푸리다

기출문제

In recent years, Colombia has not received much money from its exports.
최근에 콜롬비아는 수출로 많은 돈을 벌지 못했다.

found [faund]	*v.* 창설하다, 설립하다	foundation 창설, 기초 fundamental 기본의
pound [paund]	*v.* ~을 두드리다, 산산이 부수다	smite 강타하다
sound [saund]	*n.* 소리, 음향 *v.* ~하게 들리다	sound proof 방음의 water proof 방수의
abound [əbáund]	*v.* 풍부하다	abundance 풍부 abundant 풍부한
confound [kanfáund]	*v.* 혼동하다, 혼란케하다	confuse 혼란시키다
profound [prəfáund]	*a.* 심오한, 깊은	profoundly 깊이, 완전히
compound n./a.[kámpaund], v.[kəmpáund]	*a.* 혼합의, 합성의 *n.* 혼합물 *v.* 혼합하다	ex) a chemical compound 화학 혼합물
surround [səráund]	*v.* ~을 둘러싸다	surrounding 주위의 surroundings 환경, 주변
resound [rizáund]	*v.* ~의 소리를 다시 내다	echo (소리가)반향하다
infrasound [ínfrəsàund]	*n.* 초저주파 불가청음	ex) infrasound wave 초저음파
astound [əstáund]	*v.* 놀라게 하다	astounding 몹시 놀라게 하는 astonish 놀라게하다

* **ground** 지면, 땅, 토지, 근거 ⟷ **groundless** 근거 없는

foreground [fɔ́:rgràund]	*n.* 앞 경치[前景]	fore(앞) + ground(경치)
underground [ʌ́ndərgràund]	*ad.* 지하에, 비밀로	under(밑의) + ground(땅)
background [bǽkgràund]	*n.* 배경	back(뒤) + ground(경치)

기출문제

And often what they seek is not so much profound knowledge as quick information.

그리고 흔히 그들이 찾는 것은 심오한 지식이라기보다 오히려 빠른 정보이다.

암기 후 영어쪽을 가리고 우리말을 영어로 연상해 보자.

공통어미 〈ounce〉로 끝나는 단어	bounce [bauns]	v. 튀다, 뛰다, 도약하다	rebound 다시 튀어나오다
	pronounce [prənáuns]	v. 발음하다, 음독하다, 낭독하다	pronunciation 발음
	announce [ənáuns]	v. 알리다, 발표하다, 방송하다	announcer 아나운서 announcement 공고, 발표
	denounce [dináuns]	v. 공공연히 비난하다	condemn 비난하다
공통어미 〈oom〉으로 끝나는 단어	boom [bu:m]	n. 쾅하고 울리는 소리, 굉음, 폭등, 벼락경기(붐)	
	doom [du:m]	n. 나쁜 운명, 비운 v. 운명짓다	destine 운명짓다
	broom [bru:m]	n. 빗자루 v. 비로 쓸다	
	bloom [blu:m]	n. 꽃, 개화 v. 꽃이피다, 번영하다	thrive 번창하다
	mushroom [mʌʃru:m]	n. 버섯 v. 버섯(모양)의	
	home [houm]	n. 집, 가정, 고향, 고국	
	homeroom [hóumrù:m]	n. (교육에서) *홈룸	homeland 고국 homesickness 향수
	bridegroom [bráidgrù:m]	n. 신랑	bride 신부
공통어미 〈oose〉로 끝나는 단어	loose [lu:s]	a. 자유로운, 풀려난 v. 풀어주다	loosen 풀다, 늦추다
	choose [tʃu:z]	v. 고르다, 선택하다	choice 선택

기출문제

After the match, John announced his retirement from tennis at the age of twenty seven.

시합이 끝난 후. John은 27세의 나이에 테니스에서 은퇴하겠다고 발표했다.

공통어미 〈own〉으로 끝나는 단어	**cr**own [kraun]	*n.* 왕관, 화관, 절정, 극치 *v.* 왕관을 씌우다, 왕위에 앉히다	
	drown [draun]	*v.* 익사하다, 물에 빠지다	submerge 가라앉다
	frown [fraun]	*v.* 눈살을 찌푸리다, 난색을 보이다	🔄 smile 미소짓다
	renown [rináun]	*n.* 명성, 유명	renowned 유명한, 명성있는
	breakdown [bréikdàun]	*n.* 파괴, 붕괴, 몰락, (화학) 분해	🔄 repair 수선하다
공통어미 〈our〉로 끝나는 단어	**sc**our [skauər]	*v.* 문질러 닦다, 세탁하다	scrub 문질러 닦다
	flour [fláuər]	*n.* 밀가루, 분말	동음어 flower 꽃
	devour [diváuər]	*v.* 게걸스럽게 먹다, 멸망시키다	destroy 죽이다
	tour [tuər]	*n.* 관광, 여행 *v.* 관광하다	tourism 관광사업 tourist 관광객
	detour [díːtuər]	*n.* 우회도로 *v.* 우회하다	
공통어미 〈ouse〉로 끝나는 단어	**r**ouse [rauz]	*v.* 깨우다, 일어나게하다, 자극하다	stimulate 자극하다
	arouse [əráuz]	*v.* 일으키다, 깨우다, 각성하다, 자극하다	animate 생기를 불어 넣다
	spouse [spaus]	*n.* 배우자	

* 등교해서 출석 점호 등을 위해 모이는 교실 또는 교실에서 보내는 시간

기출문제

It looked like he was having a public nervous breakdown.

그는 공황 신경 쇠약이 있는 것처럼 보였다.

암기 후 영어쪽을 가리고 우리말을 영어로 연상해 보자.

공통어미 **〈out/oubt〉** **로 끝나는** **단어**	**sh**out [ʃaut]	v. 외치다, 큰 소리로 말하다	yell 외치다
	scout [skaut]	n. (군대) 정찰병 v. 정찰하다	
	spout [spaut]	v. 분출하다, 솟아나오다	spurt 분출하다
	sprout [spraut]	v. 발아하다 n. 싹	shoot 싹이나오다
	stout [staut]	a. 뚱뚱한, 튼튼한, 담대한	strong 튼튼한
	devout [diváut]	a. 독실한, 경건한	pious 경건한
	doubt [daut]	n. 의심, 의문 v. 의심하다	undoubtedly 의심할 여지 없이 doubtful 의심스러운
공통어미 **〈ount〉** **로 끝나는** **단어**	**c**ount [kaunt]	v. 수를 세다, 계산하다	countable 셀 수 있는 countless 셀 수 없는
	account [əkáunt]	n. 보고서, (예금)계좌, 계산서	accountant 회계사
	discount n.[dískaunt], v.[diskáunt]	n. 할인 v. 할인하다	
	mount [maunt]	v. (산을) 오르다, 올라가다	mountain 산 climb 산을 오르다
	amount [əmáunt]	n. (the amount) 총액, 총계, 총수	sum 합계
	surmount [sərmáunt]	v. 극복하다, 이겨내다	overcome 극복하다
	paramount [pǽrəmàunt]	a. 최고의, 가장 중요한	supreme 최고의

기출문제

Can you give me a discount?

할인해 줄 수 있습니까?

공통어미 〈ood〉로 끝나는 단어	**goods** [gudz]	*n.* 상품, 물품, 재산	ex) electrical goods 전기 제품
	mood [mu:d]	*n.* 기분, 감정, (문법)동사의 법	ex) a man of moods 변덕쟁이
	brood [bru:d]	*n.* (한 배의) 병아리, 종류, 종족	breed 낳다, 기르다
	blood [blʌd]	*n.* 피, 혈액, 생명, 살인	bleed 출혈하다
	flood [flʌd]	*n.* 홍수, 만조 *v.* 범람하다	overflow 넘쳐흐르다
공통어미 〈ook〉로 끝나는 단어	**cook** [kuk]	*n.* 요리사 *v.* 요리하다	cookery 요리(법) cooking 요리용의
	crook [kruk]	*n.* 굽은것, 갈고리, 사기꾼, 도둑	crooked 굽은, 비뚤어진
	outlook [áutlùk]	*n.* 경치, 광경, 전망, 조망	prospect 전망
	overlook [òuvərlúk]	*v.* 간과하다, 눈감아주다. 내려다보다	Excuse 너그럽게 봐주다
공통어미 〈ool〉로 끝나는 단어	**fool** [fu:l]	*n.* 바보, 우롱 *v.* 우롱하다	foolish 어리석은
	tool [tu:l]	*n.* 연장, 도구, 수단, 미끼	instrument 도구
	wool [wul]	*n.* 양털, 울, 털실	woolen 양털의
	stool [stu:l]	*n.* 의자, 걸상, 발판	a seat without back

기출문제

One summer night a man stood on a low hill overlooking a wide expanse of forest and field.

어느 여름 밤 한 남자가 넓게 펼쳐진 숲과 들판의 경치가 내려다보이는 낮은 언덕 위에 서 있었다.

암기 후 영어쪽을 가리고 우리말을 영어로 연상해 보자.

공통어미 ⟨oon⟩으로 끝나는 단어	noon [nu:n]	n. 정오, 대낮	ex) at noon 정오에 afternoon 오후
	soon [su:n]	ad. 곧, 이내, 얼마 안 있어	shortly 곧
	saloon [səlú:n]	n. (호텔 등의) 큰 홀 (여객선) 담화실	
	balloon [bəlú:n]	n. 기구, 풍선 v. 부풀다	enlarge 확대하다
	pantaloon [pæntəlú:n]	v. (19세기 남성용) 통 좁은 바지	
	honeymoon [hʌnimù:n]	n. 신혼 여행	
	typhoon [taifú:n]	n. 태풍	⊕ hurricane, storm, tornado
	monsoon [mansú:n]	n. 몬순, (인도양.남아시아) 계절풍	
	cartoon [ka:rtú:n]	n. (시사) 만화. (연재) 만화	
공통어미 ⟨o⟩로 끝나는 단어	ago [əgóu]	ad. 이전에	ex) three years ago 3년 전에
	cargo [ká:rgou]	n. 뱃짐, 화물	freight 화물
	ego [í:gou, égou]	n. 자아, 자만, 자존심	egoism 이기주의 egoist 이기주의자
	jingo [dʒíŋgou]	n. 강경 외교론자, 주전론자	
	undergo [ʌndərgóu]	v. 경험하다, 겪다, 견디다	endure 견디다

기출문제

Learning to ski is one of the most humbling experiences an adult can undergo.

스키 타는 것을 배우는 일이야말로 성인이 겪을 수 있는 가장 (스스로를) 겸손하게 하는 경험 중의 하나이다.

silo [sáilou]	*n.* (저장용의) 지하실 *v.* 저장하다	
philo- [fílou-, -lə-]	*c.* '사랑하는'이라는 뜻의 연결형	
echo [ékou]	*n.* 메아리, 반향 *v.* (소리가) 울리다	reaction 반응
volcano [valkéinou]	*n.* 화산	ex) an active volcano 활화산
zero [zíərou]	*n.* (숫자의) 0, 제로 (성적의) 영점	ex) get a zero 0점을 받다
micro [máikrou]	*n.* 아주 작은 것 *a.* 극소의	microscope 현미경 micro wave 극초단파
negro [ní:grou]	*n.* 흑인 *a.* 흑인의	ex) Negro music 흑인 음악
tempo [témpou]	*n.* 속도, 박자, 템포	rhythm 리듬 temporary 일시적인
mosquito [məskí:tou]	*n.* 모기	
motto [mátou]	*n.* 좌우명, 표어, 격언	proverb 격언
veto [ví:tou]	*v.* 거부하다, 반대하다, 금지하다	prohibit 금지하다
unto [ʌntu;(자음앞)ʌntə]	*prep.* ~으로, ~에, ~쪽에, ~까지	

공통어미
〈orch〉로
끝나는 단어

porch [pɔ:rʧ]	*n.* (밖으로 매달린) 현관, 베란다	
torch [tɔ:rʧ]	*n.* 횃불, (휴대용) 석유등, 광명	ex) light a torch 횃불을 밝히다
scorch [skɔ:rʧ]	*v.* 겉을 태우다, 시들게 하다	consume 소모하다

암기 후 영어쪽을 가리고 우리말을 영어로 연상해 보자.

공통어미 〈oop〉로 끝나는 단어	**troop** [tru:p]	*n.* 무리, 떼, 다수, 군대	army 군대
	stoop [stu:p]	*v.* 굽히다, 구부리다, (허리가) 굽다	crouch 웅크리다
공통어미 〈oor〉로 끝나는 단어	**moor** [muər]	*n.* 황야, 황무지 *v.* 매어두다	wasteland 황무지
	indoor [indɔ́:r]	*a.* 집안의, 옥내의	
	indoors [indɔ́:rz]	*ad.* 집안에서, 실내에서	
	outdoor [áutdɔ:r]	*a.* 집밖의, 옥외의, 야외의	
	outdoors [autdɔ́:rz]	*ad.* 옥외에서(로), 야외에서(로)	
공통어미 〈oot〉로 끝나는 단어	**root** [ru:t]	*n.* (식물의) 뿌리	🔄 branch 가지
	shoot [ʃu:t]	*n.* 사격 *v.* 쏘다, 발사하다	shooter 사수 shooting 사격
	uproot [ʌprú:t]	*v.* 뿌리째 뽑다	
공통어미 〈oost〉로 끝나는 단어	**boost** [bu:st]	*v.* ~을 밀어올리다, 격려하다	
	roost [ru:st]	*n.* 닭장, 보금자리, 휴식처	

기출문제

Patients and staff can get away from barren, indoor surroundings.

환자와 직원들은 메마른 실내 환경으로부터 벗어날 수 있다.

공통어미 〈ory〉로 끝나는 단어	**theory** [θíːəri]	*n.* 이론, 학설, 의견, 추측	theoretical 이론(상)의 theorize 이론화하다
	category [kǽtəgɔ̀ːri]	*n.* 부문, 범주	categorize 분류하다, 범주에 넣다
	memory [méməri]	*n.* 기억, 상기, 기념, 유물	memorial 기념의, 추도의 memorable 기념할 만한
	territory [térətɔ̀ːri]	*n.* 영지, 영토, 지역, 영역, 분야	territorial 지역(영토)의
	dormitory [dɔ́ːrmətɔ̀ːri]	*n.* 기숙사, 합숙소, 공동 침실	
	auditory [ɔ́ːditɔ̀ːri]	*a.* 청각의, 귀의	audible 들리는, 들을 수 있는 audience 청중, 관객
	history [hístəri]	*n.* 역사, 사실, 역사학	historic 역사상의 historian 역사가
	laboratory [lǽbərətɔ̀ːri]	*n.* 실험실, 실습실	ex) chemical laboratory 화학실험실
	ivory [áivəri]	*n.* 상아, 상아빛	ex) ivory tower 상아탑
공통어미 〈oat/oast〉로 끝나는 단어	**float** [flout]	*v.* (물에) 뜨다, 띄우다, 떠다니다	floating 떠 있는
	throat [θrout]	*n.* 목구멍, 인후, 식도	ex) clear one's throat (말하기 전에) 헛기침을 하다
	boast [boust]	*v.* 자랑하다, 떠벌이다	boastful 자랑하는
	coast [koust]	*n.* 해안, 해변, 연안	coastal 연안의 coastline 해안선
	roast [roust]	*v.* (고기를) 굽다, ～을 태우다	ex) roasted peanuts 볶은 땅콩

기출문제

The Olympics celebrate the memory of the Greek soldier who brought the news of Athenian victory over the Persians.

올림픽은 페르시아에 대한 아테네의 승리 소식을 전한 그리스 병사를 기념하는 것이다.

암기 후 영어쪽을 가리고 우리말을 영어로 연상해 보자.

공통어미 ⟨oil⟩로 끝나는 단어	oil [ɔil]	n. 기름, 석유 v. 기름을 바르다	ex) oil field 유전
	boil [bɔil]	v. 끓다, 삶다, 데치다	boiler 보일러
	soil [sɔil]	n. 흙, 토양 v. 더럽히다	stain 더럽히다
	toil [tɔil]	v. 수고하다, 고생하다	effort 노력하다
	spoil [spɔil]	v. 망쳐놓다, 손상시키다	damage 손상시키다
공통어미 ⟨oice / oise⟩ 로 끝나는 단어	voice [vɔis]	n. 목소리, 음성, 발언권	voiceless 무성(무음)의
	choice [ʧɔis]	n. 선택, 선택권	choose 고르다, 선택하다 selection 선택
	rejoice [ridʒɔ́is]	v. 기뻐하다, 좋아하다	enjoy 즐기다
	noise [nɔiz]	n. 소음, 시끄러움	noisy 시끄러운
	poise [pɔiz]	n. 균형, 몸가짐, 자세, 평정	balance 균형
공통어미 ⟨oid⟩로 끝나는 단어	avoid [əvɔ́id]	v. 피하다, 취소하다, 무효로 하다	avoidance 도피, 회피 avoidable 피할 수 있는
	devoid [divɔ́id]	a. ～이 전혀 없는, ～이 결여된	ex) a person devoid of humor 유머가 없는 사람
	typhoid [táifɔid]	a. 장티푸스성의 n. 장티푸스	

기출문제

There was a certain panic in his voice.

그의 목소리에 어떠한 공포가 느껴졌다.

공통어미 〈oin〉으로 끝나는 단어	join [dʒɔin]	v. 가입하다, 결합하다, 참여하다	combine 결합하다
	adjoin [ədʒɔin]	v. 이웃하다, 인접하다	neighbor 이웃(하다)
	rejoin [riːdʒɔin]	v. ~을 재결합시키다, 재회하다	reunite 다시 결합시키다
공통어미 〈oint〉로 끝나는 단어	point [pɔint]	n. 점, 득점, 점수 v. 가리키다	direct 가리키다
	appoint [əpɔ́int]	v. 임명하다, 지명하다, 약속하다	appointment 지명, 임명 disappoint 실망시키다
	standpoint [stǽndpɔ̀int]	n. 관점, 견해	ex) a moral standpoint 도덕적인 관점
공통어미 〈oal〉로 끝나는 단어	coal [koul]	n. 석탄, 목탄	
	goal [goul]	n. 목적, 목표, 행선지, 결승점	destination 행선지
	shoal [ʃoul]	n. 떼, 무리, 고기 떼, 다수, 다량	ex) shoals of people 많은 사람들
	charcoal [tʃɑ́ːrkòul]	n. 목탄, 숯	
공통어미 〈oach〉로 끝나는 단어	approach [əpróutʃ]	v. 접근하다, 교섭하다, 말을 걸다	ex) approach completion 완성되어 가다
	reproach [ripróutʃ]	v. ~을 꾸짖다, 비난하다 n. 비난	reproachful 비난하는

The goal was to try to find traits that these successful people had in common.
이들 성공한 사람들이 공통으로 가지고 있는 특성을 찾아내려고 하는 것이 목표였다.

165

암기 후 영어쪽을 가리고 우리말을 영어로 연상해 보자.

공통어미 〈ush〉로 끝나는 단어	**bush** [buʃ]	*n.* 관목, 수풀, 덤불	ex) a rose bush 장미 덤불
	ambush [ǽmbuʃ]	*n.* 매복, 잠복, 복병	
	gush [gʌʃ]	*v.* 분출하다, 내뿜다	spurt 분출하다
	rush [rʌʃ]	*v.* 돌진하다, 갑자기 일어나다	dash 돌진하다
	crush [krʌʃ]	*v.* 눌러 부수다, 빻다	crushing 압도적인
	flush [flʌʃ]	*v.* (얼굴 등이) 확 붉어지다	
공통어미 〈uck〉로 끝나는 단어	**luck** [lʌk]	*n.* 운, 행운, 운수	lucky 행운의(fortunate)
	suck [sʌk]	*v.* 빨다, 빨아 먹다, 빨아 삼키다	ex) suck your thumb 엄지 손가락을 빨다
	tuck [tʌk]	*v.* ~을 쑤셔 넣다, 쳐 넣다	fold 접어서 겹치다
	pluck [plʌk]	*v.* ~을 잡아 뜯다, 잡아당기다	snatch 잡아채다
공통어미 〈ull〉로 끝나는 단어	**dull** [dʌl]	*a.* 머리가 둔한, 무딘, 멍청한	stupid 우둔한
	gull [gʌl]	*n.* 갈매기	
	lull [lʌl]	*v.* 진정시키다, 달래다	soothe 달래다

기출문제

Don't try to remove something suck between your teeth in front of others.

다른 사람들 앞에서 이 사이에 낀 것을 빨아 빼내려 하지 마라.

공통어미 ⟨um⟩으로 끝나는 단어

sum [sʌm]	*n.* *v.*	합계, 총계 합계 내다	amount 총계~이되다
slum [slʌm]	*n.*	빈민굴, 빈민가, 슬럼가	
medium [míːdiəm]	*n.* *a.*	중간 중간의	middle 중간의
tedium [tíːdiəm]	*n.*	지루함, 싫증남	tedious 지루한, 싫증나는
premium [príːmiəm]	*n.*	보수, 사례, 상금, 할증금	
millennium [miléniəm]	*n.*	천년(간), 천년 기념제	ex) a millennium ago 천 년 전에
auditorium [ɔ́ːditɔ́ːriəm]	*n.*	강당, 방청석	
aquarium [əkwέəriəm]	*n.*	수족관	
petroleum [pətróuliəm]	*n.*	석유	
museum [mjuːzíːəm]	*n.*	박물관, 미술관	ex) the museum of art 미술관
minimum [mínəməm]	*n.*	최소한도	minimal 최소의 ex) minimum price 최저가
maximum [mǽksəməm]	*n.* *a.*	최대한도 최대한도의	largest 최대한도의
pendulum [péndʒuləm]	*n.*	(시계의) 추, 추세, 동향	
curriculum [kəríkjuləm]	*n.*	교육(교과)과정, 커리큘럼	
vacuum [vǽkjuəm]	*n.*	진공, 공허, 공백, 빈 터	vacant 빈, 공허한 vacancy 공허

 기출문제

The curriculum consists of running and climbing.

그 교과 과정은 달리기와 등산으로 구성되어 있다.

암기 후 영어쪽을 가리고 우리말을 영어로 연상해 보자.

공통어미 〈ur〉로 끝나는 단어

fur [fəːr]	n. 모피, 솜털, 모피 제품	ex) a fur coat 모피코트
spur [spəːr]	n. 박차, 격려 v. 박차를 가하다	encouragement 격려
murmur [mə́ːrmər]	n. 속삭임 v. 투덜대다	complain 불평하다
sulfur [sʌ́lfər]	n. 황, 유황	

* cur = run(달리다)

occur [əkə́ːr]	v. 일어나다, 생기다, 나타나다	happen 일어나다
recur [rikə́ːr]	v. 회상되다, 재발하다	recurrent 재발하는 recurrence 재발, 순환
incur [inkə́ːr]	v. ~에 빠지다, 초래하다	ex) incur hatred 남에게 미움을 사다
concur [kənkə́ːr]	v. 일치하다, 동의하다	concurrence 일치 concurrent 공동의

공통어미 〈uit〉로 끝나는 단어

suit [suːt | sjuːt]	n. (한 벌의) 옷 v. ~에 어울리다	suitable 적당한 unsuitable 부적절한
pursuit [pərsúːt]	n. 추적, 추구, 추격, 직업, 연구	pursue 뒤쫓다, 추구하다
circuit [sə́ːrkit]	n. 순회, 주위, (전기) 회로	circle 원 ▲ circulate 돌다 circulation 순환
recruit [rikrúːt]	v. 신병을 모집하다, 보충하다	recruitment 징병
lawsuit [lɔ́ːsùːt]	n. 소송, 고소	

기출문제

Thanks to satellites, we can find out instantly about events that occur on the other side of the world.

위성 덕분에 우리는 지구 반대편에서 일어나는 사건들에 대해 즉각적으로 알 수 있다.

168

공통어미 ⟨ump⟩로 끝나는 단어	bump [bʌmp]	v. ~에 충돌하다, 부딪치다	bumper 범퍼 (자동차 앞뒤의 완충장치)
	dump [dʌmp]	v. (쓰레기를) 버리다, (짐을) 털썩 부리다	unload 짐을 부리다
	lump [lʌmp]	n. 덩어리, 각설탕 v. 하나로 묶다	
	thump [θʌmp]	n. 탁 때리기 v. ~을 때리다	strike 치다, 때리다
	slump [slʌmp]	v. 슬럼프에 빠지다, 쇠퇴하다	decline 쇠퇴하다
	stump [stʌmp]	n. 그루터기, v. 쩔쩔매게 하다	stub 그루터기
	triumph [tráiəmf]	n. 승리, 대성공, 승리감	triumphant 승리를 얻은 triumphantly 의기양양하게
공통어미 ⟨umb⟩으로 끝나는 단어	dumb [dʌm]	a. 말을 못하는, 우둔한, 멍청한	stupid 우둔한
	numb [nʌm]	a. 마비된, 저린, 감각을 잃은	insensitive 감각을 잃은
	thumb [θʌm]	n. 엄지 손가락	
공통어미 ⟨udge⟩로 끝나는 단어	judge [dʒʌdʒ]	n. 재판관, 판사, 판정자	judgment 판단력, 재판
	grudge [grʌdʒ]	n. 원한, 악의 v. 시기하다, 아까워하다	grumble 불평하다
	smudge [smʌdʒ]	n. 얼룩, 더러움 v. 더럽히다, 배다	ex) smudge pictures 그림을 더럽히다

기출문제

We witness their struggles, triumphs and failures.

우리는 그들의 투쟁과 승리와 실패를 목격한다.

암기 후 영어쪽을 가리고 우리말을 영어로 연상해 보자.

공통어미 〈us〉로 끝나는 단어	**focus** [fóukəs]	n. 초점, 중심 v. 집중시키다	ex) focus on ~에 집중하다
	stimulus [stímjuləs]	n. 자극, 격려	stimulate 자극하다
	surplus [sə́:rplʌs]	n. 여분 a. 여분의	ex) a surplus population 인구 과잉
	census [sénsəs]	n. 인구조사, 국세조사	
	versus [və́:rsəs]	prep. (경기에서) ~대(對) ~(약자. vs)	
	status [stéitəs]	n. 상태, 지위, 신분	condition 상태
	apparatus [æpərǽtəs]	n. 기구류, 기계, 장치	ex) laboratory apparatus 실험실 장치
공통어미 〈ult〉로 끝나는 단어	**difficult** [dífikʌlt]	a. 어려운, 곤란한, 난해한	difficulty 곤란, 난국
	adult [ədʌ́lt, ǽdʌlt]	n. 성인 a. 성인의	adulthood 성인기
	tumult [tjú:məlt]	n. 법석, 소동, 소란	uproar 큰 소동

＊ **sult** = 뛰어오르다

	consult [kənsʌ́lt]	v. 의논(협의)하다	consultant 컨설턴트, 고문 consultation 상담
	insult [insʌ́lt]	v. 모욕하다, 창피주다	humiliate 창피를 주다
	result [rizʌ́lt]	n. 결과, 성과	outcome 결과

기출문제

Status symbols can indicate the cultural values of a society.

신분의 상징은 한 사회의 문화적 가치를 나타낼 수 있다.

공통어미	gust	n. 돌풍, 질풍,	ex) occasional gust
〈ust〉로	[gʌst]	(감정의) 격분	때때로 부는 돌풍
끝나는 단어	just	v. 올바른, 정의의	justice 정의, 공정, 정당성
	[dʒʌst]	ad. 꼭, 이제, 방금	justify 정당화하다
	trust	n. 신용, 신뢰	trusting 신뢰하는
	[trʌst]	v. 신용하다	trustworthy 신뢰할 수 있는
	thrust	v. ~을 밀다, 밀어내다,	push 밀다
	[θrʌst]	찌르다	
	disgust	v. 메스껍게 하다,	sicken 매스껍게하다
	[disgʌst]	싫증나게 하다	
	adjust	v. 조정하다, 맞추다,	adjustment 조정, 순응,
	[ədʒʌst]	바로잡다	적응
	unjust	a. 옳지 못한, 불법적인	unrighteous 옳치 못한
	[ʌndʒʌst]		
	distrust	n. 불신	unbelief 불신
	[distrʌst]	v. 믿지 않다	
공통어미	blunt	a. 무딘, 퉁명스러운	dull 무딘
〈unt〉로	[blʌnt]		
끝나는 단어	grunt	n. 불평	
	[grʌnt]	v. (돼지가) 꿀꿀거리다	
공통어미	curb	n. 고삐, 재갈, 구속,	restrain 억제하다
〈urb〉로	[kə:rb]	속박	
끝나는 단어		v. 구속하다	
	suburb	n. 교외, 근교, 주변	
	[sʌ́bə:rb]		
	disturb	v. 방해하다,	hinder 방해하다
	[distə́:rb]	훼방 놓다	disturbance 소란

기출문제

He emphasizes that trust is the most important factor in the child's developing personality.

그는 신뢰가 아이의 성격 발달에 있어 가장 중요한 요소라고 강조한다.

암기 후 영어쪽을 가리고 우리말을 영어로 연상해 보자.

공통어미 〈uce〉로 끝나는 단어	truce [truːs]	n. 정전, 휴전 v. 휴전하다	armistice 휴전

* duce = lead(이끌다)

	reduce [ridʒúːs]	v. 줄이다, 감소하다, 격하시키다	reduction 감소, 축소
	seduce [sidʒúːs]	v. 부추기다, 꾀다, 유혹하다	seduction 유혹, 유괴
	induce [indʒúːs]	v. 권유하다, 설득하여 ~시키다	inducement 유인
	produce [prədʒúːs]	v. ~을 낳다, 산출하다, 제조하다, 생산하다	product 생산품 production 생산
	reproduce [riprədʒúːs]	v. 복제하다, 복사하다	reproduction 생식, 번식
	introduce [intrədʒúːs]	v. 소개하다, 안내하다, 도입하다	introduction 소개, 도입 introductive 소개의, 서문의
공통어미 〈ule〉로 끝나는 단어	rule [ruːl]	n. 규칙, 규정, 법칙, 지배	ruler 지배자
	molecule [máləkjùːl]	n. (화학의) 분자, 미분자	atom 원자, electron 전자
	ridicule [rídikjùːl]	n. 비웃음, 조소, 조롱 v. 조롱하다	ridiculous 우스운
공통어미 〈urse〉로 끝나는 단어	curse [kəːrs]	n. 저주 v. 저주하다	cursed 저주받은
	nurse [nəːrs]	n. 간호사, 간호인 v. 간호하다	nursery 육아실, 탁아소
	purse [pɜːrs]	n. 돈주머니, 지갑	

기출문제

He introduced field hospitals, ambulance service, and first-aid treatment to the battlefield.

그는 야전 병원, 구급차 서비스, 그리고 응급처치를 전쟁터에 도입했다.

공통어미 〈ude〉로 끝나는 단어	**rude** [ruːd]	a. 버릇없는, 무례한, 거만한	rudeness 버릇없음
	delude [dilúːd]	v. 속이다, 매혹시키다	delusion 기만, 현혹 delusive 기만의, 현혹하는
	allude [əlúːd]	v. 언급하다, 암시하다	allusion 암시, 언급
	intrude [intrúːd]	v. 침입하다, 밀어넣다	intrusion 강요, 침해 extrude 밀어내다

＊clude = shut(닫다)

	conclude [kənklúːd]	v. 끝내다, 완료하다, 결정하다	conclusion 결정, 결론 conclusive 결정적인
	include [inklúːd]	v. 포함하다, 함유하다	inclusion 포함 inclusive 포함하는, 포괄적인
	exclude [iksklúːd]	v. ～을 제외하다, 추방하다	exclusion 제외, 배척 exclusive 제외하는, 배타적인

＊tude = 명사의 뜻을 나타냄

	solitude [sálətjùːd]	n. 고독, 쓸쓸함, 독거(獨居)	solitary 고독한(lonely)
	latitude [lǽtətjùːd]	n. (지리) 위도	
	longitude [lándʒətjùːd]	n. (지리) 경도	
	multitude [mʌ́ltətjùːd]	n. 다수, 군중	swarm 떼, 무리
	aptitude [ǽptətjùːd]	n. 적성, 적합, 재능, 소질	apt 적합한
	attitude [ǽtitjùːd]	n. 태도, 몸가짐, 자세	ex) a serious attitude 진지한 태도

기출문제

When you photograph people, remember to get closer to them to exclude unwanted objects.

인물 사진을 찍을 때, 원치 않는 사물들을 배제시키려면 그들에게 더 가까이 가야 함을 기억하라.

암기 후 영어쪽을 가리고 우리말을 영어로 연상해 보자.

공통어미 〈ue〉로 끝나는 단어

true [tru:]	a. 참된, 진실의, 진짜의	truth 사실, 진실 truly 진심으로
sue [su:| sju:]	v. 고소하다, 소송을 제기하다	accuse 고소하다
clue [klu:]	n. 실마리, 단서	suggestion 암시
rescue [réskju:]	v. 남을 구하다, 구조하다	save 구하다
subdue [səbdjú:]	v. 정복하다, 진압하다, 복종시키다	conquer 정복하다
overdue [òuvərdjú:]	a. 연착한, 지체된	delayed 지체된
argue [á:rgju:]	v. 논의(논쟁)하다, 토론하다	argument 논쟁, 주장
value [vǽlju:]	n. 가격, 값 v. 소중히 하다	valuable 가치 있는 valueless 가치 없는
avenue [ǽvənjù:]	n. 통로, 가로수길	
continue [kəntínju:]	v. 계속되다, 연속하다, 이어지다	continual 계속적인 continuous 계속되는
discontinue [diskəntínju:]	v. ~을 중지하다, 그만두다	interrupt 중단하다

* sue = follow 따라가다(오다)

pursue [pərs(j)ú:]	v. 추적하다, 따라다니다	pursuit 추구, 추적
issue [íʃu:]	n. 주제, 쟁점, 문제 v. 발표하다, 발행하다	publish 출판하다

기출문제

Outside, snow continued to fall quietly in the cones of light cast by the streetlights.

밖에는 가로등이 밝히는 꼬깔 모양의 빛 속에서 눈이 조용히 계속해서 내리고 있었다.

statue [stǽtʃuː]	*n.* 상, 조각상	ex) a Greek statue 그리스 조각상
virtue [vɔ́ːrtʃuː]	*n.* 덕, 덕행, 선행	virtuous 덕 있는 virtual 실질적인
league [liːg]	*n.* 동맹, 연맹, 가맹자	alliance 동맹
colleague [káliːg]	*n.* 동료, 동업자	
vague [veig]	*a.* 막연한, 애매한	ambiguous 애매한
vogue [voug]	*n.* 유행, 인기, 호평	voguish 유행의
plague [pleig]	*n.* 역병, 전염병	
intrigue [intríːg]	*n.* 음모 *v.* 음모를 꾸미다	intriguing 아주 흥미로운
fatigue [fətíːg]	*n.* 피로 *v.* 피로하게 하다	weariness 피로

* **logue** = 말하다

catalogue [kǽtəlɔ̀ːg]	*n.* 도서 목록, 카탈로그	catalog 목록
epilogue [épəlɔ̀ːg]	*n.* 에필로그	
dialogue [dáiəlɔ̀ːg]	*n.* 대화, 토론, 회담	discussion 토론 Conversation 대화
monologue [mánəlɔ̀ːg]	*n.* 독백, 모놀로그	ex) recite a monologue 독백하다
prologue [próulɔːg]	*n.* 머리말, 서언	preface 머리말
analogue [ǽnəlɔ̀(ː)g]	*n.* 유사물, 비슷한 것, (전기) 아날로그	analogy 유추, 비슷함 analogous 유사한

 기출문제

Being a hybrid art as well as a late one, film has always been in a dialogue with other narrative genres.

후발 예술이면서 동시에 혼합 예술이기도 한 영화는 다른 서사 장르와 항상 대화를 해왔다.

암기 후 영어쪽을 가리고 우리말을 영어로 연상해 보자.

공통어미 〈ume〉으로 끝나는 단어			
fume [fju:m]	*n.* 연기, 증기 *v.* 연기가 나다	ex) cigarette fumes 담배연기
plume [plu:m]	*n.* 깃털, 깃털 장식	feather깃털
perfume [pə́:rfju:m]	*n.* 향기, 향수 *v.* 향수를 뿌리다	ex) the cent of perfume 향수의 향기 essence 본질, 정수
volume [válju:m | vɔ́l-]	*n.* 용적, 부피, (책의) 권, 음량	ex) volume of traffic 교통량
costume [kástju:m]	*n.* 복장, 옷차림	ex) stage costume 무대의상 clothing 옷, 의복

＊**sume** = 태도를 갖다

resume [rizú:m]	*v.* 다시 시작하다, 되찾다	resumption 재개, 되찾음
presume [prizú:m]	*v.* 추정하다, 가정하다, 상상하다	guess 추측하다
consume [kənsú:m]	*v.* 소모하다, 낭비하다	consumer 소비자 consumption 소비, 소모
assume [əsú:m]	*v.* 가정하다, 가장하다	assumption 가정

공통어미 〈ut〉로 끝나는 단어			
nut [nʌt]	*n.* (호두, 밤 등의) 견과(堅果)	
peanut [pí:nʌt]	*n.* 낙화생, 땅콩	
doughnut [dóunət]	*n.* 도넛, 도넛형의 것	
chestnut [ʧésnʌt | -nət]	*n.* 밤, 밤나무	chest 가슴, 흉부

기출문제

China and Japan consumed the same amount of electricity in 1999.

중국과 일본은 1999년에 같은 양의 전기를 소비했다.

pure [pjuər]	a.	순수한, 맑은 깨끗한	purify 정화하다 purity 맑음, 순수
endure [indjúər]	v.	인내하다, 견디다, 계속(지속)하다	endurance 인내, 지구력
figure [fígjər]	n. v.	숫자, 모양 계산하다	compute 산출(계산)하다
injure [índʒər]	v.	상처 입히다, 다치게 하다	injury 상해, 손상 injurious 해로운
allure [əlúər]	v.	꾀다, 유혹하다, 매혹시키다	lure 유혹하다
impure [impjúər]	a.	불순한, 불결한	pure 순수한, 깨끗한

(c)+ure

* cure = care(걱정)

secure [sikjúər]	a.	안정된, 걱정이 없는, 안전한	security 안전, 보증
procure [proukjúər]	v.	얻다, 획득하다	procurement 획득
obscure [əbskjúər]	a.	애매한, 희미한	obscurity 애매함

(s)+ure

* sure = certain (확실한)

sure [ʃuər]	a.	확실한, 틀림 없는	confident 자신감있는
assure [əʃúər]	v.	보증하다, 보장하다	assurance 보증, 확신
ensure [inʃúər]	v.	보장하다	guarantee 보장하다
insure [inʃúər]	v.	보험에 들다	insurance 보험
measure [méʒər]	n. v.	측정, 측량, 조치 측정하다	ex) emergency measure 응급조치

기출문제

They endure day after day, and just when they're about to make it, decide they can't take any more.

며칠을 인내하고 일에 성공할 무렵 그들은 더 이상 인내할 수 없다고 결정짓는다.

암기 후 영어쪽을 가리고 우리말을 영어로 연상해 보자.

(t)+ure

leisure [líːʒər | léʒə]	*n.* 틈, 여가, 한가한 시간	leisurely 한가로운
treasure [tréʒər]	*n.* 보물, 재산 *v.* 저축하다	treasurer 보물 보관원 ⊕ save 저축하다
feature [fíːʧər]	*n.* 용모, 자세, 특성, (얼굴의) 일부분	ex) an essential feature 본질적인 특성
signature [sígnəʧər]	*n.* 서명, 사인	sign 부호 signify 표시하다
temperature [témpərəʧər]	*n.* 온도, 기온, 체온열	temper 성질, 기질 temperate 온건(온화)한
literature [lítərəʧər]	*n.* 문학, 문예	literal 문자의 literally 글자 그대로의
stature [stǽʧər]	*n.* 키, 신장	ex) man of short stature 키가 작은 사람
manufacture [mænjufǽkʧər]	*n.* 제조, 제품 *v.* 제조하다	manufacturer 제조업자
lecture [lékʧər]	*n.* 강의, 강연, 설교, 훈계 *v.* 강의하다	sermon 설교
architecture [áːrkətèkʧər]	*n.* 건축술, 건축학	architect 건축가 architectural 건축의
structure [strʌ́kʧər]	*n.* 구조(물), 조직 *v.* 조립하다	ex) structure of building 건물의 구조
furniture [fɔ́ːrniʧər]	*n.* 가구, 비품	furnish 비치(설치)하다
culture [kʌ́lʧər]	*n.* 교육, 문화, 교양, 세련	cultural 교양(문화)의

기출문제

American culture in general appears suspicious of leisure.

일반적으로 미국 문화에서는 여가 시간에 의구심을 가진다.

venture [véntʃər]	*n.*	벤처, 모험(투기)적 사업	ex) a venture company 벤처 회사
adventure [ædvéntʃər, əd-]	*n.*	모험, 탐험	adventurous 모험적인 advent 출현, 도래
moisture [mɔ́istʃər]	*n.*	습기, 수분	moist 축축한
capture [kǽptʃər]	*v.* *n.*	~을 붙잡다 포로	captive 포로(의) captivate 매혹하다
rapture [rǽptʃər]	*n.*	큰 기쁨, 환희, 황홀	rapt 황홀해하는, 황홀한
scripture [skríptʃər]	*n.*	성경(the Scripture)	script 손으로 쓴 글
sculpture [skʌ́lptʃər]	*n.* *v.*	조각(품) 조각하다	sculptor 조각가
torture [tɔ́:rtʃər]	*n.*	고문, (육체적) 심한 고통	suffering 고통
nurture [nə́:rtʃər]	*v.*	기르다, 양육하다	nourish 영양분을 공급하다, 키우다
pasture [pǽstʃər]	*n.* *v.*	목장, 목초지 방목하다	meadow 목장
texture [tékstʃər]	*n.*	직물, 피륙, 조직 구성	textile 직물(방직)의
future [fjú:tʃər]	*n.*	미래, 장래	ex) in the future 장래에
huge [hju:dʒ]	*a.*	거대한, 막대한	enormous 거대한
refuge [réfju:dʒ]	*n.*	피난처, 대피소	refugee 피난(망명)자
deluge [délju:dʒ]	*n.* *v.*	큰 홍수 범람하다	overflow 넘쳐흐르다

공통어미
〈uge〉로
끝나는 단어

 기출문제

We are part of and nurtured by the earth.

우리는 지구의 일부이자 지구의 도움으로 자란다.

암기 후 영어쪽을 가리고 우리말을 영어로 연상해 보자.

공통어미 〈use〉로 끝나는 단어	muse [mjuːz]	v.	묵상에 잠기다, 심사숙고하다	ponder 숙고하다
	abuse [əbjúːz]	v. n.	남용하다, 악용하다, 학대하다 / 남용	ex) an abuse of power 직권 남용
	accuse [əkjúːz]	v.	비난하다, 고소(고발)하다	accusation 고발, 비난
	excuse [ikskjúːz]	v.	용서하다, 면제하다, 변명하다	forgive 용서하다
	confuse [kənfjúːz]	v.	뒤섞다, 혼동하다, 혼란시키다	confusion 혼란, 혼동
	refuse [rifjúːz]	v.	거절하다, 사퇴하다	refusal 거절
	diffuse [difjúːz]	v.	(빛을) 발산하다, 퍼뜨리다	diffusion 발산, 확산
	profuse [prəfjúːs]	a.	통이 큰, 아낌없이 쓰는	wasteful 낭비하는
	amuse [əmjúːz]	v.	즐겁게 하다, 재미있게 하다	amusement 즐거움, 오락 amusing 재미있는
	peruse [pərúːz]	v.	정독하다, 숙독하다	perusal 숙독, 정독
공통어미 〈uct〉로 끝나는 단어	construct [kənstrʌ́kt]	v.	건설하다, 세우다	construction 건설, 건축 constructive 건설적인
	instruct [instrʌ́kt]	v.	가르치다, 지시하다	instructor 강사 instruction 지시, 사용설명서
	conduct n.[kʌ́ndʌkt | kɔ́n-], v.[kəndʌ́kt]	v. n.	행동하다, 지도하다 / 행위, 처신, 지도	conductor 지휘자

기출문제

No one has dared to accuse him of arrogant pride.

아무도 그의 거만한 자부심을 감히 비난하지 않았다.

공통어미 〈ute〉로 끝나는 단어

＊tribute = 나누어 주다

attribute [ətríbju:t]	v. ～의 탓으로 하다	attribution 귀착시킴, 귀속
contribute [kəntríbju:t]	v. 기부하다, 기여(공헌)하다	contribution 공헌, 기부
distribute [distríbju:t]	v. 나누어 주다, 배급(분배)하다	distribution 분배
persecute [pə́:rsikjù:t]	v. 박해하다, 학대하다	persecution (종교상의) 박해
prosecute [prásikjù:t]	v. 기소하다, 고소하다	prosecutor 기소(고소)자 prosecution 기소, 수행
execute [éksikjù:t]	v. (계획을) 실행하다, 집행하다	execution 실행, 집행, 사형 executioner 집행자

＊stitute = 세우다

constitute [kánstətjù:t]	v. 구성하다, 설립하다	constitution 구성, 형성,
institute [ínstətjù:t]	n. 협회, 학회, (학원 등의) 건물 v. 설립하다	institution 학회, 협회, 설립
destitute [déstətjù:t]	a. 빈곤한	destitution 빈곤
absolute [ǽbsəlù:t]	a. 완전한, 확실한, 절대적인	absolutely 절대적으로
resolute [rézəlù:t]	a. 단호한, 굳게 결심한	resolution 결의, 결단

기출문제

This undoubtedly contributed to his sensitivity as a portrait painter.

이것은 확실히 초상화가로서의 그의 감수성에 기여했다.

**공통어미
⟨y⟩로
끝나는 단어**

shy [ʃai]	a. 부끄럼 타는, 소심한 v. 겁내다	cautious 소심한
sly [slai]	a. 교활한, 간교한, 장난기가 있는	cunning 교활한
cry [krai]	v. (소리내어) 울다, 소리치다	weep 울다
ally v.[əlái], n.[ǽlai]	v. 동맹(결연)시키다, n. 동맹국	alliance 동맹, 연맹
rely [rilái]	v. 의지하다, 믿다, 신뢰하다	reliance 신뢰, 의지 reliable 신뢰할 수 있는
deny [dinái]	v. 부정하다, 취소하다, 거절하다	denial 부정적인
occupy [ákjupài]	v. 차지하다, 점유하다, 종사시키다	occupation 직업, 점유

* ply = fold(접다)

apply [əplái]	v. 적용하다, 응용하다, 지원하다	application 적용, 신청 applicant 신청자
comply [kəmplái]	v. 따르다, 순응하다	compliant 고분고분한
reply [riplái]	v. 답하다, 응답하다	respond 응답하다
supply [səplái]	v. 공급하다, 보충하다	supplement 보충
imply [implái]	v. 암시하다, 내포하다, 포함하다	implication 암시, 함축
multiply [mʌ̀ltiplái]	v. 증가하다, (수를) 곱하다	multiplication 증가, 곱셈

기출문제

In short, you occupy several different positions in the complex structure of society.

간단히 말하면, 당신은 사회의 복잡한 구조 안에서 여러 가지 지위를 차지하고 있다.

*fy = make 만들다, ~화 하다, ~가 되다

modify [mádəfài | mɔ́d-]	v. 변경(수정)하다	modification 수정
qualify [kwáləfài]	v. 자격을 주다, 권한을 주다	quality 질, 자질 qualification 자격증, 자격
magnify [mǽgnəfài]	v. 확대하다, 과장하다	magnitude 거대함 magnanimous 도량이 큰
terrify [térəfài]	v. 무섭게 하다, 겁나게 하다	terrific 굉장한 terrible 지독한
identify [aidéntəfài]	v. (신원을) 확인하다, 동일시하다	identification 신원 확인 identity 동일함
notify [nóutəfài]	v. ~에게 통지하다, 알리다	notice 통지, 통보 notification 통지
testify [téstəfài]	v. 증언하다, 증명하다, 입증하다	testimony 증거(proof)
justify [dʒʌ́stəfài]	v. 정당화하다	just 올바른 justification 정당화
satisfy [sǽtisfài]	v. 만족시키다, 이행하다	satisfaction 만족 satisfactory 만족스러운
certify [sə́:rtəfài]	v. 증명하다, 보증하다	certification 증명 certificate 증명서
unify [júːnəfài]	v. ~을 통일하다, 일체화하다	unification 통일 reunification 재통일
glorify [glɔ́:rəfài]	v. ~을 찬송하다, 칭찬하다	glory 영광, 칭찬
verify [vérəfài]	v. 확인하다, 증명하다	verification 확인, 증명
horrify [hɔ́:rəfài]	v. ~을 무서워하게 하다	horror 공포 horrible 무서운
dignify [dígnəfài]	v. 위엄을 갖추다, 고귀하게 하다	dignity 존엄

기출문제

unify the country

나라를 통일하다

암기 후 영어쪽을 가리고 우리말을 영어로 연상해 보자.

**공통음절
⟨ber⟩로
끝나는 단어**

fiber [fáibər]	n. 섬유, 실	ex) chemical fiber 화학 섬유
chamber [ʧéimbər]	n. 방, 침실, 회의실, 회관	ex) vacuum chamber 진공실
member [mémbər]	n. (단체의) 일원	membership 회원(사원)임
remember [rimémbər]	v. 기억하고 있다, 생각해내다	remembrance 기억
timber [tímbər]	n. 재목, 목재, 들보	wood 재목
lumber [lʌ́mbər]	n. 목재, 재목, 잡동사니, 쓸모없는 물건	
number [nʌ́mbər]	n. 수, 숫자, 번호 v. (수를) 세다	numb 마비된 count (숫자를) 세다
plumber [plʌ́mər]	n. 배관공	ex) a master plumber 솜씨가 뛰어난 배관공
cucumber [kjúːkʌmbər]	n. 오이	
rubber [rʌ́bər]	n. 천연고무, 생고무, 고무 제품	rub 마찰하다, 문지르다
slumber [slʌ́mbər]	n. 잠, 수면 v. 잠자다	ex) a deep slumber 깊은 잠

**공통음절
⟨cer⟩로
끝나는 단어**

cancer [kǽnsər]	n. (의학) 암	ex) get cancer 암에 걸리다
grocer [gróusər]	n. (식료품) 상인	grocery 식료품류(점)
saucer [sɔ́ːsər]	n. 받침 접시 (sauce + er)	ex) a flying saucer 비행접시

기출문제

All of us sue the cultural knowledge we acquire as members of our own
society.

우리 모두는 우리 자신의 사회 일원으로서 우리가 얻은 문화적 지식을 사용한다.

shudder [ʃʌ́dər]	v. (공포·추위로) 떨다	tremble 떨다
consider [kənsídər]	v. 숙고하다, 고려하다	consideration 고려 considerate 사려 깊은
bewilder [biwíldər]	v. 어리둥절하게 하다, 당황케 하다	confuse 당황하게 하다
shoulder [ʃóuldər]	n. 어깨	should ~하여야 한다
slender [sléndər]	a. 홀쭉한, 가느다란, 날씬한	thin 가느다란 a slender arm 가느다란 팔
wander [wándər]	v. 헤매다, 떠돌다, 어슬렁거리다	wanderer 방랑자
wonder [wándər]	v. 의아하게 여기다, 경탄하다	wonderful 이상한, 훌륭한
gender [dʒéndər]	n. 성, 성별, (문법) 성(性)	ex) the feminine gender 여성
render [réndər]	v. ~하게 하다, 원조를 주다	give 주다
surrender [səréndər]	v. 항복하다, 넘겨주다, 양보하다	submit 복종하다
tender [téndər]	a. 상냥한, 부드러운	ex) tender skin 약한 피부
hinder [híndər]	v. 방해하다, 방해가 되다	hindrance 방해, 장애(물)
cylinder [sílindər]	n. 원통, (수학) 원기둥	
ponder [pándər | pón-]	v. 숙고하다, 깊이 생각하다	ponderous 묵직한, 무게 있는
thunder [θándər]	n. 우뢰, 천둥, 벼락 v. 천둥치다	thunderous 우레같은 thunderbolt 벼락
blunder [blándər]	n. 어리석은 실수 v. 큰실수를 하다	mistake 실수하다

암기 후 영어쪽을 가리고 우리말을 영어로 연상해 보자.

plunder [plʌ́ndər]	*n.* 약탈 *v.* 약탈하다	rob 강탈하다
order [ɔ́:rdər]	*n.* 순서, 서열, 명령 *v.* 명령하다, 주문하다	command 명령하다
disorder [disɔ́:rdər]	*n.* 무질서, 혼란, (신체)장애	confusion 혼란
murder [mə́:rdər]	*n.* 살인, 모살 *v.* 살해하다	murderer 살인자

공통음절 〈fer〉로 끝나는 단어

* fer = carry(운반하다)

refer [rifə́:r]	*v.* 언급하다, 관계 (관련)하다	reference 참조, 언급
prefer [prifə́:r]	*v.* 오히려 ~을 좋아하다, 선호하다	preference 더 좋아함 preferable 오히려 나은
differ [dífər]	*v.* 다르다	difference 차이, 다름 different 다른
offer [ɔ́:fər]	*v.* 권하다, 제공하다, 제의(제안)하다	suggest 제안하다
suffer [sʌ́fər]	*v.* (고통을) 겪다, 경험하다, 참다	endure 참다
infer [infə́:r]	*v.* 추리(추론)하다	inference 추론, 추리
confer [kənfə́:r]	*v.* 의논하다, 협의하다	conference 회담, 협의, 의논, 회의
transfer [trænsfə́:r]	*v.* 옮기다, 이동하다, 전임시키다	transport 수송하다

기출문제

There is also a quantity discount, which is offered to individuals who order large quantities of a product.

상품을 대량으로 주문하는 개인들에게 제시되는 대량구매 할인도 있다.

eager
[íːgər]
a. 열망하는,
간절히 바라는
eagerness 열심, 열망

dagger
[dǽgər]
n. 단도, 단검, 비수
sword 검

stagger
[stǽgər]
v. 비틀거리다,
비틀거리며 걷다
staggering 비틀거리는,
깜짝 놀라게 하는

trigger
[trígər]
n. (총의) 방아쇠

anger
[ǽŋgər]
n. 노여움, 화, 분노
angry 노한, 화난

linger
[líŋgər]
v. 꾸물거리다,
더 머무르다
delay 지체하다

hunger
[hʌ́ŋgər]
n. 기아, 기근, 배고픔
hungry 배고픈

danger
[déindʒər]
n. 위험
dangerous 위험한

endanger
[indéindʒər]
v. 위험에 빠뜨리다
hazard 위험을 무릅쓰다

hammer
[hǽmər]
n. 망치, 해머
v. 망치로 두드리다
🔗 lance 창
sword 검 / dagger 단검

stammer
[stǽmər]
v. (말을) 더듬다

glimmer
[glímər]
n. 희미한 빛
v. 희미하게 빛나다
shine 빛나다

former
[fɔ́ːrmər]
a. (시간적) 이전의,
(양자 중) 전자의
previous 전의

암기 후 영어쪽을 가리고 우리말을 영어로 연상해 보자.

공통음절 〈ner〉로 끝나는 단어	**ban**ner [bǽnər]	*n.* (국가·단체 등의) 기, 현수막, 배너광고	ban 금지하다
	manner [mǽnər]	*n.* 예의, 예절, 방법, 방식	behavior 행동
	partner [pá:rtnər]	*v.* 동료, 배우자 (남편, 아내)	companion 동료
공통음절 〈per〉로 끝나는 단어	**le**per [lépər]	*n.* 문둥이, 나병환자	
	temper [témpər]	*n.* (화를 내는)성질, 성미, 기분, 침착	temperament 기질, 성질
	proper [prápər | pró-]	*a.* 적당한, 알맞은, 단정한, 정식의	properly 적절하게 improperly 부적당하게
	prosper [práspər]	*v.* 번영하다, 번창하다	prosperous 번영하는 prosperity 번영, 번창
	diaper [dáiəpər]	*n.* 기저귀	ex) change a baby's diaper 아기의 기저귀를 갈다
공통음절 〈ter〉로 끝나는 단어	**charac**ter [kǽriktər]	*n.* 특징, 개성, 인격, 성격	characterize 특징짓다 characteristic 특유한
	laughter [lǽftər]	*n.* 웃음, 웃음소리	laugh 웃다
	alter [ɔ́:ltər]	*v.* 바꾸다, 변경하다, 개조하다	change 바꾸다
	shelter [ʃéltər]	*n.* 피난 장소, 은신처 *v.* 보호하다	protect 보호하다
	filter [fíltər]	*n.* 여과기, 필터 *v.* 여과하다	ex) filter paper 여과지
	chapter [ʧǽptər]	*n.* (책의) 장 *v.* (역사상) 한 시기	division 분할

barter [báːrtər]	*v.* 물물교환하다, 교역하다	exchange 교환하다
charter [tʃáːrtər]	*n.* 헌장, 선언서, (버스·비행기) 전세	
quarter [kwɔ́ːrtər]	*n.* (군대의) 진영, 지역, 15분, 1/4	quarters 거처, 주소
porter [pɔ́ːrtər]	*n.* 운반인, 짐꾼, 문지기, 수위	
Easter [íːstər]	*n.* 부활절	east 동쪽
plaster [plǽstər]	*n.* 회반죽, 벽토, 석고, 고약	
master [mǽstər | mɔ́n-]	*n.* 주인, 장, 군주, 정통한 사람	mastery 지배권
disaster [dizǽstər]	*n.* 재난, 참사, 천재(지변)	disastrous 재난의, 불운한
semester [siméstər]	*n.* 한 학기	ex) next semester 다음 학기
register [rédʒistər]	*n.* 기록부 *v.* 기록(등록)하다	registration 등록, 기재
minister [mínəstər]	*n.* 장관, 각료	ex) minister of education 교육부 장관
administer [ədmínistər]	*v.* 경영하다, 관리하다, 운영하다	administration 경영, 관리 administrator 관리자
crater [kréitər]	*n.* 분화구	
monster [mánstər | mɔ́n-]	*n.* 괴물	monstrous 기괴한
encounter [inkáuntər]	*v.* 우연히 만나다, (위험에) 직면하다	face 직면하다

기출문제

Adding to their importance is that many of the lifeline systems serve vital roles in disaster recovery.

생명선 시스템의 다수가 재난 복구에서 중대한 역할을 한다는 것이 그것들의 중요성을 더해 주고 있다.

암기 후 영어쪽을 가리고 우리말을 영어로 연상해 보자.

공통음절 ⟨ter⟩로 끝나는 단어

foster [fɔ́ːstər]	v. 기르다, 돌보다, (상상을) 조장하다	ex) foster parent 양부모
rooster [rúːstər]	n. 수탉	
cluster [klʌ́stər]	n. (꽃 등의) 다발(송이)	ex) a cluster of flowers 꽃송이 다발
oyster [ɔ́istər]	n. 굴(식용 조개)	
chatter [tʃǽtər]	v. 재잘거리다, 빠르게 말하다	chat 잡담하다
scatter [skǽtər]	v. 흩어지다, 흩뿌리다	ex) scattered brain 흐트러진 정신
flatter [flǽtər]	v. 아첨하다, 치켜 세우다	flattery 아첨
matter [mǽtər]	n. 물질, 문제, 일, 내용, 주제	material 재료, 물질
bitter [bítər]	a. 호된, 가차 없는, 괴로운, 쓰라린	bitterness 쓰라림 bitterly 혹독하게
glitter [glítər]	n. 반짝임, 빛남, 광채 v. 빛나다	shine 빛나다
potter [pátər | pɔ́tər]	n. 도공, 도예가	pot 항아리 pottery 도자기
utter [ʌ́tər]	a. 전적인, 완전한 v. 발언하다	utterly 완전히, 아주
butter [bʌ́tər]	n. 버터 v. 버터를 바르다	butterfly 나비
shutter [ʃʌ́tər]	n. 덧문, 겉문, (사진기의) 셔터	shut 닫다(close)

기출문제

To pass the civil service examination in ancient China was no easy matter.
고대 중국에서 과거 시험에 합격하는 것은 쉬운 일이 아니었다.

flutter [flʌ́tər]	v.	날개를 치다, 펄럭이다	flap 파닥거리다
mutter [mʌ́tər]	v.	중얼거리다, 불평을 말하다, 속삭이다	whisper 속삭이다
shatter [ʃǽtər]	v.	박살내다, 산산이 부서지다	scatter 흩어지게 하다

* meter = 재다

기타 〈ver〉로 끝나는 단어

diameter [daiǽmətər]	n.	직경, 지름	
thermometer [θərmámətər]	n.	온도계	ex) read a thermometer 온도계를 읽다
barometer [bərámitər]	n.	기압계, 고도계	
speedometer [spidámitər]	n.	속도계	speed 속도
fever [fíːvər]	n.	열, 발열, 열병, 열광	feverish 열이 있는
shiver [ʃívər]	v.	떨다, 떨리다	tremble 떨다
silver [sílvər]	n. a.	은, 은화, 은그릇 은의	🔄 gold 금, bronze 청동 iron 철
quiver [kwívər]	n. v.	떨림 떨다, 흔들리다	shudder 몸을 떨다
deliver [dilívər]	v.	배달하다, 넘겨주다, 석방하다	delivery 배달, 전달
hover [hʌ́vər | háv-]	v.	공중을 날다, 빙빙 맴돌다	
recover [rikʌ́vər]	v.	회복하다, 재발견하다	recovery 회복, 되찾기
discover [diskʌ́vər]	v.	발견하다, 깨닫다, 알다	discovery 발견

기출문제

Its bite is not poisonous and a victim will recover from it physically, if not emotionally.

그것은 독이 없어서, 물린 희생자는 심적으로는 몰라도 육체적으로는 회복할 것이다.

암기 후 영어쪽을 가리고 우리말을 영어로 연상해 보자.

기타 〈ther〉로 끝나는 단어	**fea**ther [féðər]	n. (한 개의) 깃, 깃털 장식	feat 위업, 공적
	leather [léðər]	n. 가죽, 피혁, 가죽 제품	관 fur 모피, cotton 솜, silk 비단
	gather [gǽðər]	v. ~을 모으다, 축적하다	accumulate 축적하다
	rather [rǽðər]	ad. 꽤, 다소, 오히려	
	wither [wíðər]	v. 시들다, 말라 죽게 하다	dry, fade 시들다
	bother [báðər]	v. 괴롭히다, 귀찮게 하다	tease 괴롭히다
	smother [smʌ́ðər]	v. 숨막히게 하다, 질식시키다	mother 어머니 suffocate 질식시키다
공통어미 〈er〉로 끝나는 단어	**but**cher [bútʃər]	n. 정육점 주인	
	miser [máizər]	n. 구두쇠, 수전노	miserly 인색한, 탐욕스러운
	usher [ʌ́ʃər]	n. (극장·교회 등의) 안내인, 접수원	guide 안내인
	angler [ǽŋglər]	n. 낚시꾼	angle 각(도)
	power [páuər]	n. 능력, 힘, 지배력, 권력	powerful 강력한 powerless 무력한
	tower [táuər]	n. 탑, 망루, 성채, 요새	tow 끌다, 견인하다
	shower [ʃáuər]	n. 소나기 v. 소나기가 오다	show 보여주다

기출문제

The thing that bothers me most is when people assume I can't do something.

나를 가장 괴롭히는 것들은 사람들이 내가 뭔가를 해내지 못할 것이라고 추정할 때이다.

기타	**oath** [ouθ]	*n.* 맹세, 서약, 선서, 저주, 악담	vow 맹세
⟨th⟩로 끝나는 단어	**moth** [mɔ:θ]	*n.* 나방	
	myth [miθ]	*n.* 신화, 우화	ex) the Greek myth 그리스 신화
	health [helθ]	*n.* 건강, 위생	healthy 건강한 healthful 건강에 좋은
	wealth [welθ]	*n.* 부, 재산, 부유	wealthy 부유한
	worth [wəːrθ]	*n.* 가치, 재산 *a.* 가치가 있는	worthless 가치 없는
	hearth [haːrθ]	*n.* 벽난로, 벽난로 바닥	hear 듣다 heart 마음(mind)
	smooth [smuːð]	*a.* 매끄러운, 평탄한, 잔잔한	even 평평한
	broth [brɔ:θ]	*n.* 묽은 수프, (생선 끓인) 국물	
	booth [buːθ]	*n.* 오두막, 가건물 *v.* 포장하다	
	breath [breθ]	*n.* 숨, 호흡, 생기, 활기	breathe 호흡하다 breathtaking 숨을 조이는
	bath [bæθ]	*n.* 목욕, 일광욕, 욕조, 욕실, 목욕탕	bathroom 욕실, 화장실 bathtub 욕조
	north [nɔːrθ]	*n.* 북쪽 *a.* 북방의	northern 북쪽의
	south [sauθ]	*n.* 남쪽 *a.* 남쪽의	southern 남쪽의
	tooth [tuːθ]	*n.* 이, 치아	teeth = tooth의 복수형 toothache 치통
	earth [əːrθ]	*n.* 지구	earthquake 지진

기출문제

An old Greek myth tells the story of a farmer.

오래된 그리스 신화에는 한 농부에 관한 이야기가 있다.

암기 후 영어쪽을 가리고 우리말을 영어로 연상해 보자.

**공통음절
〈ble〉로
끝나는 단어**

fable [féibl]	*n.* 우화, 전설, 신화	anecdote 일화 mythology 신화	
noble [nóubl]	*a.* 고귀한, 숭고한, 귀족의	nobility 귀족, 고결	
ignoble [ignóubl]	*a.* 비천한, 비열한, 멸시할 만한	ex) an ignoble man 비열한 사람	
gamble [gǽmbl]	*v.* 내기(도박)하다	gambling 도박	
nimble [nímbl]	*a.* (동작이) 민첩한, 재빠른, 영리한	swift 빠른	
humble [hámbl]	*a.* 겸손한, 겸허한, 하찮은, 초라한	ex) a humble house 초라한 집	
grumble [grámbl]	*v.* 불평하다, 투덜거리다, 중얼대다	complain 불평하다	
stumble [stámbl]	*v.* 넘어지다, 실수하다, 말을 더듬다	stumbling 비틀거리는	
marble [máːrbl]	*n.* 대리석, 조각물 *a.* 대리석의		
double [dábl]	*a.* 갑절의, 두 배의, 이중의	ex) a double personality 이중 인격	
trouble [trábl]	*n.* 문제, 곤란, 고민 *v.* 괴롭히다	annoy 괴롭히다	
pebble [pébl]	*n.* 조약돌, 자갈 *v.* 자갈로 포장하다		
feeble [fiːbl]	*a.* (신체적으로) 약한, 가냘픈	weak 약한	
gobble [gábl]	*v.* ~을 게걸스럽게 먹다		

기출문제

Intense programs of strength training can help even weak older people double their strength.

체력 훈련 집중 프로그램은 나약한 노인들조차 그들의 힘을 두 배로 만드는 데 도움을 줄 수 있다.

tremble [trémbl]	v. 떨리다, 몸을 떨다	quiver 떨다
rubble [rʌ́bl]	n. 암석 조각, 돌덩이, (얼음)조각	
mumble [mʌ́mbl]	v. 중얼거린다	murmur 속삭인다
rumble [rʌ́mbl]	v. ~에 굉음을 내게 하다	
assemble [əsémbl]	v. ~을 모으다, ~을 조립하다	assembly 집회 disassemble 해체하다
resemble [rizémbl]	v. ~을 닮다, ~와 공통점이 있다	resemblance 유사, 닮음
Bible [báibl]	n. (the Bible) 성경	
stable [stéibl]	n. 마굿간, 외양간 a. 안정된	stability 안정 stabilize 안정시키다
liable [láiəbl]	a. 책임이 있는, ~하기 쉬운	ex) be liable to ~하기 쉽다
amiable [éimiəbl]	a. 상냥한, 친절한	friendly 친절한, 우호적인
enable [inéibl]	v. ~을 가능하게 하다	반 disable 무력하게 하다
probable [prɑ́bəbl]	a. 있을 법한, 유망한	probably 아마 probability 확률
notable [nóutəbl]	a. 저명한, 유명한, 주목할 만한	notably 명백하게 note 적어두다
portable [pɔ́ːrtəbl]	a. 휴대할 수 있는, 휴대용의	transportable 운반할 수 있는
capable [kéipəbl]	a. ~할 수 있는, 유능한	capably 유능하게
inevitable [inévətəbl]	a. 피할 수 없는, 면하기 어려운	unavoidable 피할 수 없는

기출문제

Some music is capable of overtaking the mind until it forget all else.

어떤 음악은 다른 모든 것을 잊을 때까지 마음을 사로잡을 수 있다.

암기 후 영어쪽을 가리고 우리말을 영어로 연상해 보자.

형용사형
공통어미
〈ible〉로
끝나는 단어

audible [ɔ́:dəbl]	a. 들을 수 있는	audience 청중 auditorium 강당
credible [krédəbl]	a. 믿을 수 있는, 신용할 수 있는	credulous 잘 속는
incredible [inkrédəbl]	a. 믿기 어려운, 믿을 수 없는	unbelievable 믿을 수 없는
visible [vízəbl]	a. 눈에 보이는, 명백한	visual 시각의 visually 시각적으로
invisible [invízəbl]	a. 눈에 보이지 않는, 숨은	
flexible [fléksəbl]	a. 구부러지기 쉬운, 융통성이 있는	inflexible 굽히지 않는
possible [pásəbl]	a. 가능한, 실행할 수 있는	possibility 가능성
impossible [impásəbl]	a. 불가능한, 있을 수 없는	impossibility 불가능 impossibly 극도로
terrible [térəbl]	a. 무서운, 두려운, 맹렬한	terribly 끔찍하게
horrible [hɔ́:rəbl]	a. 무서운, 소름 끼치는	horror 공포, 전율 horribly 무시무시하게
plausible [plɔ́:zəbl]	a. 그럴듯한, 정말 같은	probable 사실일 것 같은
compatible [kəmpǽtəbl]	a. 양립할 수 있는, 서로 받아들이는	compatibility 양립
combustible [kəmbʌ́stəbl]	a. 가연성의, 흥분하기 쉬운	combustion 연소, 흥분

공통음절 〈cle〉로 끝나는 단어	circle [sə́:rkl]	n. 원, 집단, 궤도, 계통	circular 둥근, 원형의 circulate 순환하다
	encircle [insə́:rkl]	v. ~을 에워싸다, 일주하다	include 포함하다
	cycle [sáikl]	n. 순환, 주기, 긴 세월	cyclic 순환하는 cycling 자전거 타기
	recycle [ri:sáikl]	n. 재활용 v. 재활용하다	ex) recycle newspaper 신문을 재활용하다
	article [á:rtikl]	n. (신문 · 잡지 등의) 기사, 논설	ex) news article 신문 기사
	particle [pá:rtikl]	n. 미량, 극소량, 입자	particular 특수한 particularly 특히
	miracle [mírəkl]	n. 기적, 신기, 경이	miraculous 기적적인 miraculously 기적적으로
	obstacle [ábstəkl]	n. 장애물, 고장, 지장, 방해(물)	hindrance 방해
	icicle [áisikl]	n. 고드름	ice 얼음
	semicircle [sémisə̀:rkl]	n. 반원, 반원형	semi(half) + circle(원)
	muscle [mʌ́sl]	n. 근육	muscular 근육의
공통음절 〈dle〉로 끝나는 단어	saddle [sǽdl]	n. (말에) 안장 v. 안장을 얹다	ex) Saddle the horse. 말에 안장을 얹어라.
	paddle [pǽdl]	n. (짧고 넓적한) 노, 물갈퀴	
	cradle [kréidl]	n. 요람, 요람지	ex) from the cradle 어린 시절부터
	handle [hǽndl]	n. 자루, 손잡이 v. 조종하다	hand 손

기출문제

We don't reuse or recycle, which would save us money.

우리는 돈을 아끼게 해줄 재사용이나 재활용을 하지 않는다.

암기 후 영어쪽을 가리고 우리말을 영어로 연상해 보자.

공통음절 〈gle〉로 끝나는 단어

kindle [kíndl]	v. ~을 태우다, 점화하다	fire 불을 붙이다
dwindle [dwíndl]	v. 차츰 작아지다, 줄다, 저하되다	diminish 줄어들다
puddle [pʌ́dl]	n. (흙탕물의) 웅덩이 v. 뒤섞다	
hurdle [hə́:rdl]	n. (pl.)장애물 경주	
bundle [bʌ́ndl]	n. 다발, 꾸러미, 덩어리 v. 묶다	package 꾸러미
angle [ǽŋgl]	n. 각(도), 모퉁이, 관점, 입장	triangle 삼각형 rectangle 직사각형
tangle [tǽŋgl]	v. 엉키다, 엉키게 하다	complicate 더 복잡하게 만들다
entangle [intǽŋgl]	v. ~을 얽히게 하다	entanglement 엉키게 함
rectangle [réktæŋgl]	n. 직사각형	rectangular 직사각형의
eagle [í:gl]	n. 독수리, 독수리표	
goggle [gágl | gɔ́gl]	n. (오토바이를 탈 때 쓰는) 큰 안경	
gurgle [gə́:rgl]	v. 콸콸 흐르다 n. 콸콸하는 소리	
mingle [míŋgl]	v. 섞이다, 혼합하다, 끼이다	mix 혼합하다
single [síŋgl]	a. 단 하나의, 단독의 n. 한사람	singular 유일한, 둘도 없는

	struggle [strʌ́gl]	*v.* 다투다, 격투하다 *n.* 투쟁, 분투	strive 투쟁하다
공통음절 〈fle〉로 끝나는 단어	**ri**fle [ráifl]	*n.* 소총 *v.* 강탈하다	團 machine gun 기관총, air gun 공기총
	trifle [tráifl]	*n.* 시시한 것, 하찮은 것(일)	trifling 하찮은
	stifle [stáifl]	*v.* 방해하다, 억누르다	stifling 숨 막힐 듯한
	baffle [bǽfl]	*v.* 좌절시키다	frustrate 좌절시키다
공통음절 〈kle〉로 끝나는 단어	**an**kle [ǽŋkl]	*n.* 복사뼈, 발목	
	sparkle [spá:rkl]	*n.* 불꽃, 불티, 번쩍임	spark 불꽃
	wrinkle [ríŋkl] w=묵음	*n.* (피부의) 주름, 구김살 *v.* ~에 주름을 잡다	
	tackle [tǽkl]	*n.* 도구, 기구, 연장 *v.* 일(문제)를 다루다	ex) tackle the problem 문제를 다루다
	crackle [krǽkl]	*v.* 탁탁 소리내다, 금이 가게 하다	crack 갈라진 틈
	tickle [tíkl]	*v.* ~을 간질이다, 즐겁게 하다	entertain 즐겁게하다
	trickle [tríkl]	*v.* 똑똑 떨어지다, 졸졸 흐르다	drip, drop 떨어지다
	chuckle [tʃʌ́kl]	*v.* 낄낄 웃다 *n.* 낄낄 웃음	giggle 낄낄 웃다
	sprinkle [spríŋkl]	*v.* 흩뿌리다, 쏟아져 내리다	scatter 흩어지게하다

The grapes begin to turn into wrinkled raisins.

포도는 주름진 건포도로 변하기 시작한다.

암기 후 영어쪽을 가리고 우리말을 영어로 연상해 보자.

**공통음절
〈ple〉로
끝나는 단어**

ample [ǽmpl]	a. 충분한, 넉넉한	amplify 확대하다, 증폭시키다
sample [sǽmpl]	n. 견본, 샘플	instance 사례, 경우
example [igzǽmpl]	n. 보기, 예, 견본	pattern 모범, 견본
maple [méipl]	n. 단풍나무, 재목	map 지도
multiple [mʌ́ltəpl]	a. 다양한, 복합적인, 다수의	ex) a multiple tax 복합세
cripple [krípl]	n. 앉은뱅이, (신체·정신) 장애인	
people [píːpl]	n. 국민 v. ~에 사람을 살게 하다	
pimple [pímpl]	n. 여드름, 뾰루지	
principle [prínsəpl]	n. 원리, 원칙, 행동 원리	regulation 규칙
temple [témpl]	n. 신전, 사원, 절	
triple [trípl]	a. 3배의, 3중의	trip 여행(journey)
couple [kʌ́pl]	n. 한 쌍, 둘, 부부 v. 잇다, 연결하다	combine 연결하다
disciple [disáipl]	n. (그리스도의) 제자, 신자	discipline 훈련, 훈련하다
purple [pə́ːrpl]	n. 자주빛, 자색 a. 자주빛의	

기출문제

Remember that life is a game where there are multiple winners.

삶은 다수의 승리자들이 존재하는 하나의 게임이란 사실을 기억하라.

ripple [rípl]	*n.*	잔물결, 파문, 소곤거림	
staple [stéipl]	*a.*	주요한	essential 주요한
battle [bǽtl]	*n.* *v.*	싸움, 전쟁, 전투 싸우다	fight 싸우다
cattle [kǽtl]	*n.*	(집합적으로 복수 취급) 소(무리)	cat 고양이
rattle [rǽtl]	*v.*	덜컹덜컹하다, 재잘거리다	rat 쥐
settle [sétl]	*v.*	설치하다, 식민하다, 이주하다, 결정하다	decide 결정하다 set 두다, 놓다
beetle [bíːtl]	*n.*	풍뎅이, 딱정벌레, 근시안	bee 꿀벌
bottle [bátl]	*n.*	병, 병술, 한 병의 양	
shuttle [ʃʌ́tl]	*n.*	정기 왕복 항공기, 우주 왕복선	shut 닫다
startle [stáːrtl]	*v.*	깜짝 놀라게 하다	astonish 놀라게 하다
gentle [dʒéntl]	*a.*	유순한, 관대한, 인정 있는	docile 유순한
subtle [sátl] b = 묵음	*a.*	묽은, 희박한, 미묘한, 교묘한	ex) a subtle distinction 미묘한 차이
title [táitl]	*n.*	표제, 직함, 칭호, 자격	privilege 특권
entitle [intáitl]	*v.*	권리를 주다, 표제를 붙이다	authorize 권한을 주다
subtitle [sʌ́btàitl]	*n.*	(책의) 부표제, 부제	
turtle [tɔ́ːrtl]	*n.*	바다 거북	

공통음절
〈tle〉로
끝나는 단어

기출문제

Whether in a game, or on a battlefield, that sudden voicing of belief reverses
the tide.

경기에서건 전쟁에서건 그러한 갑작스런 믿음의 소리가 흐름을 바꾸어 놓는다.

암기 후 영어쪽을 가리고 우리말을 영어로 연상해 보자.

공통음절 〈stle〉로 끝나는 단어	**ca**stle [kǽsl]	*n.* 성, 성곽 *v.* 성을 쌓다	cast 던지다(throw)
	bustle [bʌ́sl]	*v.* 활발하게 움직이다, 뛰어다니다	
	hustle [hʌ́sl]	*v.* 남을 재촉하다 *n.* 소동, 법석	hurry 재촉하다
	whistle [hwísl]	*n.* 호각, 경적 *v.* 휘파람을 불다	
	wrestle [résl]	*v.* 맞붙다, 씨름하다	wrestling 씨름
	apostle [əpásl]	*n.* 사도, 최초의 기독교 신자	
공통음절 〈zle〉로 끝나는 단어	**da**zzle [dǽzl]	*v.* 눈부시게 하다, 현혹시키다	daze 눈부시게 하다
	sizzle [sízl]	*v.* 지글지글 하다, 찌듯이 덥다	
	puzzle [pʌ́zl]	*n.* 퍼즐, 난문제 *v.* 당황하게 하다	confuse 혼동하다
	drizzle [drízl]	*n.* 이슬비, 가랑비 *v.* 이슬비가 오다	drizzly 이슬비 내리는

명사형 공통어미 〈ity〉로 끝나는 단어

capacity [kəpǽsəti]	n.	능력, 용적, 용량, 수용력	ex) breathing capacity 폐활량
velocity [vəlásəti]	n.	속력, 속도	speed 속도
commodity [kəmádəti]	n.	상품, 일용품, 유용한 물건	goods 상품
facility [fəsíləti]	n.	편의, 편리, 설비, 편의시설	facile 손쉬운 facilitate 용의하게(쉽게) 하다
quality [kwáləti]	n.	질, 특성, 품질	ex) the qualities of leader 지도자의 자질
utility [ju:tíləti]	n.	유용, 쓸모 있는 것, 실용품	utilize 이용하다 utilization 이용
calamity [kəlǽməti]	n.	재난, 불행	misfortune 불행
community [kəmjú:nəti]	n.	공동체, 공동사회, 지역사회	ex) the academic community 학계
opportunity [àpərtjú:nəti]	n.	기회	opportunist 기회주의자
authority [əθɔ́:rəti]	n.	권리, 권력, 당국(정부의) 기관	author 저자 authorize 권한을 주다
identity [aidéntəti]	n.	신원, 정체, 일치, 동일성	identify 동일시하다 identification 신원 확인
quantity [kwántəti]	n.	양, 수량, 분량	amount 양
gravity [grǽvəti]	n.	중력, 만유인력	gravitate 인력에 끌리다 gravitation 인력
cavity [kǽvəti]	n.	움푹 팬 곳, 구멍, (충치의) 구멍	cave 동굴
longevity [landʒévəti]	n.	장수, 수명	long 긴
adversity [ædvə́:rsəti]	n.	역경, 불운	adverse 불운한, 불리한

기출문제

Negative attitudes constrict one's capacity.
부정적인 태도들은 우리의 능력을 제한한다.

**기타
⟨y⟩로 끝나는
예외 단어**

shabby [ʃǽbi]	*a.* 초라한, 지저분한	inferior 열등한
hobby [hábi | hɔ́bi]	*n.* 취미	passtime 취미
fancy [fǽnsi]	*n.* 공상 *v.* 공상하다 *a.* 공상적인	imagine 상상하다
infancy [ínfənsi]	*n.* 유년, 초기	infant 유아, 유아의
mercy [mə́:rsi]	*n.* 자비, 용서, 인정	merciful 자비로운
policy [pάləsi | pɔ́l-]	*n.* 정책, 방침, 증서	politics 정치 political 정치의
legacy [légəsi]	*n.* 유산, 유증	inheritance 유산
pharmacy [fά:rməsi]	*n.* 약국	pharmacist 약사
diplomacy [diplóuməsi]	*n.* 외교, 외교술	diplomat 외교관 diplomatic 외교의, 외교적인
fallacy [fǽləsi]	*n.* 오류, 잘못	fallacious 그릇된
tendency [téndənsi]	*n.* 경향, 추세, 성향	tend ~의 경향이 있다
accuracy [ǽkjurəsi]	*n.* 정확성, 정확도	accurate 정확한
ready [rédi]	*a.* 준비가 된	prepared 준비가 된
already [ɔ:lrédi]	*ad.* 이미, 벌써	

기출문제

Please keep your insurance policy and emergency contact details with you at all times.

당신의 보험 증서와 비상 연락처 세부사항을 항상 몸에 지니고 다니십시오.

embody [imbádi]	*v.* 구체화하다, 구현하다	body 몸, 신체
holy [hóuli]	*a.* 신성한, 성스러운	ex) the holy Bible 성서
silly [síli]	*a.* 어리석은, 바보 같은	foolish 어리석은
monopoly [mənápəli]	*n.* 독점, 전매	ex) complete monopoly 완전 독점
melancholy [mélənkàli]	*n.* 우울 *a.* 우울한	gloomy 우울한
academy [əkǽdəmi]	*n.* 학원, 전문 학교	ex) academic achievement 학문적 성취
anatomy [ənǽtəmi]	*n.* 분해, 해부, 해부학	
astronomy [əstrá:nəmi]	*n.* 천문학	astronomical 천문학의 astronaut 우주비행사
company [kʌ́mpəni]	*n.* 동료, 조합	companion 친구, 동료
accompany [əkʌ́mpəni]	*v.* 동행(동반)하다	accompanying 수반하는
agony [ǽgəni]	*n.* 번뇌, 고민	misery 고통
botany [bátəni]	*n.* 식물학(생태)	botanist 식물학자 botanical 식물학상의
colony [káləni]	*n.* 식민지	colonial 식민지의 colonize 식민지를 건설하다
penny [péni]	*n.* (영국의 화폐 단위) 페니, 푼돈	penniless 무일푼의
tiny [táini]	*a.* 작은, 조그마한	ex) a tiny doll 작은 인형
harmony [há:rməni]	*n.* 조화, 화합, 일치	harmonious 조화된 harmonize 조화하다

기출문제

A jihad is a holy war undertaken to expand the rule of Islam.

Jihad는 이슬람의 통치를 확장하기 위해 수행되는 신성한 전쟁(聖戰)이다.

기타
⟨y⟩로 끝나는
예외 단어

occupy [ákjupài]	v.	점령(점유)하다	occupation 직업, 점유
therapy [θérəpi]	n.	치료, ~요법	ex) music therapy 음악 치료
artery [á:rtəri]	n.	동맥	ex) a blocked artery 막힌 동맥
artillery [a:rtíləri]	n.	포, 대포, 포병대	ex) artillery fire 포격
chemistry [kéməstri]	n.	화학	chemical 화학의 chemist 화학자
cemetery [sémətèri]	n.	공동묘지	ex) a national cemetery 국립묘지
chivalry [ʃívəlri]	n.	기사도(정신)	chivalrous 기사도적인
gallery [gǽləri]	n.	미술관, 화랑	gall 쓸개즙
industry [índəstri]	n.	산업, 근면	industrial 상업의, 공업의 industrious 근면한
laundry [lɔ́:ndri]	n.	세탁소, 세탁물	dry 마른, 말리다
luxury [lʌ́kʃəri]	n.	사치, 사치품	luxurious 사치스러운
drudgery [drʌ́dʒəri]	n.	고된 일, 하기 싫은 일	toil 노력
fairy [féəri]	n. a.	요정 요정의	fair 공정한 ex) fairy tale 동화
ferry [féri]	n.	연락선, 나룻배	

기출문제

He had been putting off doing his chemistry report which was due on Monday.

그는 월요일이 제출 기한인 화학 보고서 작성을 미뤄 왔었다.

clumsy [klʌ́mzi]	*a.*	어색한, 서투른	awkward 어색한
hypocrisy [hipάkrəsi]	*n.*	위선, 위선 행위	hypocrite 위선자
controversy [kántrəvə̀:rsi]	*n.*	논쟁, 논의	controvert 논쟁하다 controversial 논쟁의
ecstasy [ékstəsi]	*n.*	황홀, 무아지경(無我之境)	delight 큰 기쁨
anxiety [æŋzáiəti]	*n.*	걱정, 근심, 불안	anxious 걱정(열망)하는
guilty [gílti]	*a.*	유죄의	guilt 죄, 유죄
property [prάpərti]	*n.*	재산, 소유권, 특성	wealth 재산
liberty [líbərti]	*n.*	자유, 해방	liberal 자유로운 liberalism 자유주의
majesty [mǽdʒəsti]	*n.*	위엄, 장엄, 폐하	majestic 위엄 있는, 장엄한
haughty [hɔ́:ti]	*a.*	거만한, 건방진	arrogant 거만한
naughty [nɔ́:ti]	*a.*	버릇 없는, 장난꾸러기의	mischievous 장난이 심한
pity [píti]	*n.*	불쌍히 여김, 동정	pitiful 가엾은, 비참한 pitiless 무자비한
poverty [pάvərti]	*n.*	가난, 빈곤	destitution 빈곤
county [káunti]	*n.*	(행정구역상) 주(州), 군(郡)	count (수를) 세다 ex) Gangwha county 강화군
duty [djú:ti]	*n.*	의무, 임무, 세금	dutiful 의무를 다하는
dynasty [dάinəsti]	*n.*	왕조, 왕가	ex) Joseon dynasty 조선왕조

 기출문제

Schubert spent his whole life in poverty.

Schubert(슈베르트)는 평생을 빈곤 속에 살았다.

1. What _____ of shoes do you like?

　무슨 상표의 구두를 좋아하세요?

2. Look at this _____ view.

　이 장엄한 경관을 보라.

3. Water _____ with heat.

　물은 열로 팽창한다.

4. She was kept _____ for two hours.

　그녀는 2시간 동안 서 있었다.

5. The boy _____ his dog to sit down.

　소년은 개에게 앉도록 명령했다.

1. Chickens will be _____ in three weeks.

　3주면 병아리가 부화된다.

2. No one can _____ him.

　아무도 그를 당해낼 수 없다.

3. A misfortune _____ him.

　불행이 그에게 들이닥쳤다.

4. He _____ a heating system in a house.

　그는 집에 난방장치를 설치했다.

5. He was immediately _____ to his office in Seoul.

　그는 서울 사무실로 즉각 소환되었다.

정답

연습문제 01　1.brand　2.grand　3.expand　4.standing　5.commanded
연습문제 02　1.hatched　2.match　3.befell　4.installed　5.recalled

1. His business failed because of a ＿＿＿＿ of money.

   그의 사업은 자금이 부족하여 실패했다.

2. We followed the ＿＿＿＿ to the lake.

   우리는 오솔길을 따라 호수로 갔다.

3. Our army ＿＿＿＿＿ the enemy during the night.

   우리 군은 밤에 적을 공격했다.

4. Make your study ＿＿＿＿ and use your time well.

   학습 계획을 짜서 시간을 잘 이용해라.

5. More and more people are moving to ＿＿＿＿ areas.

   점점 많은 사람들이 도시로 이주하고 있다.

1. He ＿＿＿＿ me on the face.

   그는 내 얼굴을 찰싹 때렸다.

2. She ＿＿＿＿ her baby in a blanket.

   그녀는 자기 아기를 모포로 감쌌다.

3. It is ＿＿＿ in rainy weather.

   비 오는 날씨에는 눅눅하다.

4. Jack ＿＿＿＿ the examination.

   잭은 그 시험에 합격했다.

5. She ＿＿＿＿＿ her sister in intelligence.

   그녀는 지성에 있어서 그녀의 언니보다 뛰어나다.

정답

연습문제 03 1.lack 2.track 3.attacked 4.plan 5.urban

연습문제 04 1.slapped 2.wrapped 3.damp 4.passed 5.surpassed

1. He resides in Canada as a _____ .

그는 외교관으로 캐나다에 주재한다.

2. _____ means a person who supports democracy.

민주주의 옹호자는 민주주의를 지지하는 사람을 말한다.

3. Her speech made a tremendous _____ on everybody.

그녀의 연설은 모든 사람에게 굉장한 충격을 주었다.

4. What is the ____ size of the room?

그 방의 정확한 넓이는 얼마나 되나요?

5. We _____ with others.

우리는 타인과 상호작용을 한다.

1. A hymn was _____ in chorus.

찬송가가 합창으로 불려졌다.

2. They _____ seeds in the field.

그들은 밭에 씨를 뿌렸다.

3. We have to keep a _____ temperature.

우리는 온도를 일정하게 유지하지 않으면 안 된다.

4. The old car doesn't _____ a new engine.

그 중고차는 엔진이 새 것이라는 근거가 없다.

5. A bus ____ at the bus stop.

버스가 정류장에서 멈춰 섰다.

정답

연습문제 05 1.diplomat 2.Democrat 3.impact 4.exact 5.interact
연습문제 06 1.chanted 2.planted 3.constant 4.warrant 5.halted

1. They _____ the bill.

   그들은 그 법안을 기초했다.

2. He went to Scotland to learn this ____ .

   이 기술을 배우기 위해 그는 스코트랜드로 갔다.

3. The ____ plains stretch for 600 miles.

   광대한 평야는 600마일이나 뻗어 있다.

4. The weather man _____ it will rain tomorrow.

   예보관은 내일 비가 올 것이라고 예상했다.

5. The train was _____ for three hours.

   기차가 3시간 연착되었다.

1. Korea _____ with many countries in the world.

   한국은 세계의 많은 나라와 무역을 하고 있다.

2. The enemy _____ the country.

   적군이 그 나라를 침입했다.

3. My father _____ me not to go there.

   아버지는 나를 설득하여 그 곳으로 가지 않도록 했다.

4. We should _____ him from running such a risk.

   우리는 그가 그러한 위험을 무릅쓰는 것을 단념케 해야 한다.

5. The sergeant was _____ to buck private.

   그 하사관은 이등병으로 강등했다.

정답

연습문제 07 1.drafted   2.craft   3.vast   4.forecast   5.delayed
연습문제 08 1.trades   2.invaded   3.persuaded   4.dissuade   5.degraded

1. My father was in a ____ last night.

   아버지는 어젯밤 몹시 화가 나셨다.

2. She appeared on the ____ suddenly.

   그녀는 갑자기 무대에 나타났다.

3. Where can I find a _____ claim?

   수화물 찾는 곳이 어디에 있습니까?

4. He is the very _____ of his father.

   그는 아버지를 그대로 닮았다.

5. Mr. Brown _____ a big hotel.

   브라운씨는 큰 호텔을 경영하고 있다.

1. She will ____ an excellent wife.

   그녀는 훌륭한 아내가 될 것이다.

2. They _____ of our triumph.

   그들은 우리의 승리를 함께 기뻐했다.

3. One runner _____ another runner.

   한 주자가 다른 주자를 따라 잡았다.

4. When he heard the bad news, he turned ____.

   그는 그 나쁜 소식을 듣고 창백해졌다.

5. I _____ a responsible post.

   그는 책임 있는 지위를 떠맡았다.

정답

연습문제 09 1.rage 2.stage 3.baggage 4.image 5.manages
연습문제 10 1.make 2.partook 3.overtook 4.pale 5.undertook

1. He _____ the paint off the house.

   그는 집의 페인트를 긁어 벗겼다.

2. I have _____ a lot of money of that useless car.

   저 쓸모 없는 차에 나는 많은 돈을 낭비했다.

3. The soldier was decorated for _____ acts.

   그 군인은 대담한 행동으로 훈장을 받았다.

4. What's the ___ to New York?

   뉴욕까지의 요금은 얼마입니까?

5. It is ___ that she visits her aunt.

   그녀가 숙모를 방문하기란 드문 일이다.

1. Joy _____ all fear from her mind.

   기쁨이 그녀의 마음에서 공포를 쫓아냈다.

2. What shall we do during this _____?

   이 국면에서 어찌해야 좋을까?

3. If we recycled more, we would _____ money.

   우리가 좀 더 재활용을 했다면, 돈을 모았을 것이다.

4. His body was buried in a _____ on the hill.

   그의 시신은 언덕 위의 묘지에 묻혔다.

5. This policy is poorly _____.

   이 정책은 제대로 평가받지 못하고 있다.

정답

연습문제 11 1.scraped 2.wasted 3.daring 4.fare 5.rare
연습문제 12 1.chased 2.phase 3.save 4.grave 5.evaluated

1. We are _____ where to go.

   우리는 어디로 가야 할 지 토론 중이다.

2. All the money will be _____ to the church.

   모든 돈이 교회에 헌납될 것이다.

3. He _____ the opposite building.

   그는 맞은편 건물을 가리켰다.

4. Most people _____ a reduction of tax.

   대부분 사람들은 세금 감소를 지지한다.

5. Who first _____ the Atlantic?

   누가 최초로 대서양을 항해했습니까?

1. I _____ her age to be thirteen.

   그는 그녀의 나이를 13세로 추정했다.

2. Susan is a happy, _____ lady.

   수잔은 쾌활하고 생기발랄한 여자다.

3. Flies _____ food.

   파리는 음식을 오염시킨다.

4. The meeting _____ at 10 o'clock.

   그 회합은 10시에 끝났다.

5. We are going to _____ in the experiments.

   우리는 그 실험에 참여할 예정이다.

정답

연습문제 13 1.debating 2.dedicated 3.indicated 4.advocate 5.navigated
연습문제 14 1.estimate 2.animated 3.contaminate 4.terminated 5.participate

1. We _____ at the crossroads.

   우리는 교차로에서 헤어졌다.

2. They are still _____ the question.

   그들은 아직도 그 문제를 심사숙고하고 있다.

3. You can't _____ the importance of health.

   건강의 중요성은 아무리 강조해도 지나치지 않는다.

4. His family _____ from Korea to the United States.

   그의 가족은 한국에서 미국으로 이주했다.

5. He _____ to Korea at 5.

   그는 5살 때 한국으로 이민 왔다.

실력을 올리는 **연습문제** 16

1. We must _____ everything to overcome the economy crisis.

   우리는 경제 위기를 극복하기 위해서 모든 것을 혁신해야 한다.

2. The terror was _____ by a political purpose.

   그 테러는 정치적 목적이 동기가 되었다.

3. The company intends to take _____ action over this matter.

   그 회사는 이 문제에 대하여 법적 조치를 취하려 한다.

4. The price was _____ .

   값은 (비싸지 않고) 알맞았다.

5. There was _____ resistance to personal rights.

   인권 침해에 대한 완강한 저항이 있었다.

정답

연습문제 15 1.separated 2.deliberating 3.exaggerate 4.emigrated 5.immigrated
연습문제 16 1.innovate 2.motivated 3.legitimate 4.moderate 5.obstinate

1. Have you learned about the ___ of gravity?

   너는 중력의 법칙을 배웠느냐?

2. A dog has four _____ .

   개는 발이 네 개 있다.

3. All the troops _____ .

   전군이 철수했다.

4. He gets up usually at _____ .

   그는 보통 새벽에 일어난다.

5. The fire was _____ by a lighted cigarette.

   그 화재는 담뱃불이 원인이었다.

1. Caps _____ the robber with dogs.

   경관은 개를 데리고 강도를 추적했다.

2. Tell me the _____ .

   세부적인 사항을 말해주세요.

3. How ____ are earthly splendors?

   지상의 영화란 얼마나 헛된 것인가?

4. It is ____ that he will fail.

   그가 실패할 것은 뻔하다.

5. This fabric _____ easily.

   이 천은 더러워지기 쉽다.

정답

연습문제 17 1.law 2.paws 3.withdrew 4.dawn 5.caused
연습문제 18 1.trailed 2.detail 3.vain 4.plain 5.stains

1. His grandfather _____ silent.

   그의 할아버지는 조용히 계셨다.

2. The kitchen is my wife's _____ .

   부엌은 아내의 영역이다.

3. She _____ her beauty.

   그녀는 여전히 아름답다.

4. A little meal won't _____ us through the day.

   가벼운 식사만으로 하루를 지탱하기란 힘들다.

5. He _____ to have reached the top of the mountain.

   그는 산의 정상까지 올라갔다고 주장했다.

1. _____ flew from the burning house.

   불타고 있는 집에서 불꽃이 튀었다.

2. He is _____ for his generosity.

   그는 놀랍도록 관대하다.

3. The soldiers _____ for Malta.

   군인들은 말타행의 배를 탔다.

4. He was chased by a _____ of bees.

   그는 벌떼에 쫓겼다.

5. They are very ____ and hard working.

   그들은 매우 영리하고 근면했다.

정답_____

연습문제 19 1.remained 2.domain 3.retains 4.sustain 5.claimed
연습문제 20 1.Sparks 2.remarkable 3.embarked 4.swarm 5.smart

1. Two _____ watched the gate of the house.

두 사람의 경비원이 그 집의 문을 지켰다.

2. He seldom _____ my suggestions.

그는 나의 제안을 전혀 고려하지 않는다.

3. A gold medal was _____ to the winner.

금메달이 우승자에게 주어졌다.

4. They found many fire _____ in the plant.

그들은 공장 내에 화재 위험요소가 많다는 것을 발견했다.

5. He received considerable financial _____.

그는 상당한 경제적인 보상을 받았다.

실력을 올리는 **연습문제** 22

1. Tom _____ his books on the shelf.

탐은 선반에 있는 책들을 정돈했다.

2. His _____ condition is poor.

그의 재정 상황은 좋지 않다.

3. I _____ to meet her yesterday.

어제 우연히 그녀를 만났다.

4. This is just one _____.

이것은 하나의 예일 뿐이다.

5. Everything depends on _____.

모든 것은 상황에 따라 다르다.

정답

연습문제 21 1.guards 2.regards 3.awarded 4.hazards 5.reward
연습문제 22 1.arranged 2.financial 3.chanced 4.instance 5.circumstance

1. Please let me have _____ of the book.

   그 책의 개요를 써서 내게 주시오.

2. Is this your _____ lunch?

   이것이 네가 늘 먹던 점심이니?

3. Beethoven was _____ with Napoleon.

   베토벤은 나폴레옹과 동시대 사람이었다.

4. The _____ of 'right' is 'left'.

   '오른쪽'의 반대는 '왼쪽'이다.

5. Their passion assures that these fans remain _____.

   그들의 열정은 이 팬들이 충성스러운 상태로 남아 있을 것임을 보장한다.

1. Tigers _____ attack their prey from behind.

   호랑이는 보통의 경우 뒤에서 먹이를 덮친다.

2. There is only a matter of four or five minutes before the _____ whistle.

   마지막 호각 불기 전까지 겨우 4~5분 정도 남았다.

3. In _____ , every achievement requires trial and error.

   일반적으로 모든 성과는 시행 착오를 요구한다.

4. The cleared soil was rich in _____ and nutrients.

   깨끗해진 토양은 미네랄과 영양분이 풍부했다.

5. Mediation involves adopting a _____ role.

   중재는 중간적 역할을 수용하는 것을 포함한다.

정답

연습문제 23 1.summary   2.ordinary   3.contemporary   4.contrary   5.loyal
연습문제 24 1.normally   2.final   3.general   4.minerals   5.neutral

1. The painting is a _____ coherent work of art._____

   그 그림은 시각적으로 통일성이 있는 예술 작품이다.

2. The two knights were locked in _____ combat.

   두 기사는 맞붙어서 생사를 걸고 싸웠다.

3. If you are the sort of parent who frowns when you hear the word 'messy,' then ___.

   당신이 '어질러진'이라는 말을 들었을 때 눈살을 찌푸리는 부류의 부모라면, 여유를 가져라.

4. Driving a car in a snow storm is real ____!

   눈보라 치는 날에 차를 운전하는 것은 정말 지옥 같아!

1. We _____ coffees to obtain a nice flavor.

   좋은 맛을 얻기 위하여 커피를 섞는다.

2. I had my watch _____ .

   나는 시계를 고치게 했다.

3. How did you _____ your vacation?

   너는 방학을 어떻게 지냈니?

4. The players are _____ for first place.

   선수들은 우승을 차지하려고 경쟁하고 있다.

5. He _____ a lot of energy during the game.

   그는 게임을 하는 동안 많은 에너지를 소비했다.

정답
연습문제 25 1.visually 2.mortal 3.relax 4.hell
연습문제 26 1.blend 2.mended 3.spend 4.contending 5.expended

1. Children thrive on ＿＿ air and good food.

   아이들은 신선한 공기와 좋은 음식으로 잘 자란다.

2. He has a ＿＿＿ sense of humor.

   그의 유머 감각은 짓궂다.

3. His ＿＿＿＿ slowly decreased.

   그의 영향력은 서서히 줄어들었다.

4. The ＿＿＿＿＿＿ are that you waste energy and lose people's trust.

   결과적으로 당신은 에너지를 낭비하고 사람들의 신뢰를 잃게 된다.

5. Non＿＿＿ is the appropriate method.

   비폭력은 적절한 방법이다.

1. Some submarines use atomic energy as ＿＿.

   어떤 잠수함들은 원자력에너지를 연료로 사용한다.

2. Savage means ＿＿ or very violent.

   세비지는 잔인하거나 매우 폭력적인 것을 말한다.

3. He ＿＿＿ me to quit smoking.

   그는 나에게 담배를 끊으라고 충고했다.

4. We ＿＿＿ an order for the book.

   우리는 그 책의 주문을 취소했다.

5. He ＿＿ in mathematics.

   그는 수학이 우수하다.

정답

연습문제 27 1.fresh 2.wicked 3.influence 4.consequences 5.violence
연습문제 28 1.fuel 2.cruel 3.counseled 4.canceled 5.excels

1. First _____ are often wrong.

   첫인상은 종종 틀린다.

2. Drawings could not _____ everything.

   그림으로 모든 것을 표현할 수는 없었다.

3. They _____ cotton into bales.

   그들은 솜을 압축하여 포장했다.

4. Her death _____ him.

   그녀의 죽음으로 그는 우울했다.

5. The senator has _____ to the president.

   그 상원의원은 대통령을 면회할 수 있다.

1. We are _____ with sports.

   우리는 스포츠에 사로잡혀 있다.

2. I've never seen anyone so _____.

   이렇게 무자비한 사람은 본적이 없다.

3. He is a _____ spender.

   그는 무분별한 낭비자이다.

4. The ____ was overflowing with bags.

   벽장 안은 짐들로 넘쳐 났다.

5. I perfectly _____ the conversation between the two.

   나는 두사람간의 대화를 완벽하게 통역했다.

정답

연습문제 29 1.impressions 2.express 3.compressed 4.depressed 5.access
연습문제 30 1.obsessed 2.ruthless 3.reckless 4.closet 5.interpreted

1. Carelessness was the only _____ on him.

   부주의가 그의 유일한 결점이었다.

2. Practice makes _____ .

   연습을 거듭하면 완전하게 된다.

3. The rain will _____ our plans for picnic.

   비는 우리의 피크닉 계획에 영향을 미칠 것이다.

4. She _____ a birthday present for her husband.

   그녀는 남편의 생일 선물을 골랐다.

5. I _____ him to succeed.

   나는 그가 성공하리라고 예상했다.

1. I could _____ a certain sadness in his face.

   나는 그의 얼굴에서 어떤 슬픔을 감지할 수 있었다.

2. She _____ her baby from danger.

   그녀는 위험으로부터 그녀의 아기를 지켰다.

3. He _____ at the noise of his folly.

   그는 자신의 어리석음에 분개했다(화가 났다).

4. In principle, I _____ with the matter .

   나는 원칙적으로 그 문제에 대해 동의한다.

5. What is the _____ of the bag?

   가방 속 내용물은 무엇입니까?

정답

연습문제 31 1.defect 2.perfect 3.affect 4.selected 5.expected

연습문제 32 1.detect 2.protected 3.resented 4.consent 5.contents

1. We had an _____ on our way to work.

우리는 직장에 가는 도중에 사고를 당했다.

2. We need more information of the _____.

우리는 그 사건의 더 많은 정보가 필요 하다.

3. A flute is a wind _____ in shape of tube.

플룻은 튜브 모양의 관악기다.

4. Tourists often _____ on the quaint customs.

관광객들은 그 기이한 풍습에 관해 자주 논평했다.

5. _____ of culture can be divided into two categories.

문화의 요소들은 두 개의 범주로 나눠질 수 있다.

실력을 올리는 **연습문제 34**

1. I am looking for a _____ job.

나는 계속해서 할 수 있는 일을 찾고 있다.

2. Einstein is an _____ scientist.

아인슈타인은 저명한 과학자이다.

3. The eyes are more _____ than lips.

눈은 입 이상으로 말을 한다.

4. This money is not in _____ use any longer.

이 돈은 더 이상 통용되지 않는다.

5. The museum is _____ by visitors.

그 박물관은 방문객 출입이 빈번하다.

정답

연습문제 33 1.accident 2.incident 3.instrument 4.commented 5.Elements

연습문제 34 1.permanent 2.eminent 3.eloquent 4.current 5.frequented

1. He wants to take a little ____ .

그는 좀 쉬고 싶어 한다.

2. His fault was _____ in the report.

그의 결점이 보고서에 의해 증명되었다.

3. Your _____ will receive due consideration.

당신의 요청은 충분히 고려될 것입니다.

4. What were the students _____ against?

학생들은 무엇에 대해 항의하고 있었는가?

5. We are to have a speech _____ that day.

우리는 그 날 웅변대회를 가질 것이다.

1. This book ____ with the history of Korea.

이 책은 한국 역사를 다룬다.

2. Time _____ all sorrows.

때가 지나면 모든 슬픔이 사라진다.

3. The men _____ their agreement with a toast.

사람들은 건배로써 계약을 확인했다.

4. He showed ____ for the work.

그는 그 일에 열의를 보였다.

5. I had my watch _____ .

나는 시계를 도둑맞았다.

정답

연습문제 35 1.rest 2.manifested 3.request 4.protesting 5.contest
연습문제 36 1.deals 2.heals 3.sealed 4.zeal 5.stolen

1. One must ____ what he has sown.

   자기가 뿌린 씨는 자기가 거둬야 한다.

2. We walked along a ____ stream.

   우리는 맑은 시내를 따라 걸었다.

3. Don't ____ the newspaper.

   신문을 찢지 마라.

4. The lady was _____ a beautiful dress.

   그 숙녀는 아름다운 드레스를 입고 있었다.

5. He was _____ some wild animals.

   그는 몇 마리의 야생동물을 기르고 있었다.

1. His handwriting is not very ____.

   그의 글씨는 아주 단정하지 않다.

2. They ____ me as one of their family.

   그들은 나를 그들 가족의 일원으로 대했다

3. What do we need in order to _____?

   성공하기 위해서 우리에게 무엇이 필요할까요?

4. Many people ____ with her.

   많은 사람들이 그녀의 의견에 동의했다.

5. We had five _____ of frost.

   영하 5도였다.

정답

연습문제 37 1.reap 2.clear 3.tear 4.wearing 5.rearing
연습문제 38 1.neat 2.treated 3.succeed 4.agreed 5.degrees

실력을 올리는 **연습문제** 39

1. We walked along the _____ of the lake.

   우리는 호숫가를 따라 걸었다.

2. A little _____ is a dangerous thing.

   어설픈 지식은 위험하다.

3. He is as _____ as a lamb.

   그는 양처럼 유순하다.

4. We shall continue to _____ for a solution.

   우리는 이 문제의 답을 계속해서 찾을 것이다.

5. They responded promptly to the _____ .

   그들은 조사에 막힘 없이 대답했다.

실력을 올리는 **연습문제** 40

1. They _____ food and clothing to the poor.

   그들은 빈민에게 식량과 의복을 나누어 주었다.

2. He published the book at his own _____ .

   그는 그 책을 자비로 출판했다.

3. He took an _____ course to improve his French.

   그는 불어를 향상시키기 위해 집중적인 코스를 밟았다.

4. That problem does not _____ us.

   그 문제는 우리와는 상관없다.

5. She has a _____ mind.

   그녀는 마음이 비뚤어져 있다.

정답

연습문제 39 1.edge 2.knowledge 3.meek 4.seek 5.survey

연습문제 40 1.dispensed 2.expense 3.intensive 4.concern 5.perverse

1. _____ quiet for a few minutes.

몇 분 동안 조용히 해주세요!

2. Frank had little _____ for two nights.

프랭크는 이틀 밤이나 거의 자지 않았다.

3. All of us _____ our baseball team.

우리는 모두 우리 야구팀을 응원했다.

4. Mr. John has a _____ way of walking.

존씨는 걸음걸이가 괴상하다.

5. The captain _____ the ship through the high waves.

선장은 높은 파도를 헤치고 배를 조종했다.

1. We went to a _____ last Sunday.

지난 일요일 우리는 음악회에 갔다.

2. _____ the proper words in the blanks.

빈 곳에 알맞은 단어를 넣으시오.

3. He had cake for _____ .

그는 디저트로 케이크를 먹었다.

4. He was _____ by his friends.

그는 친구들에게 버림 받았다.

5. He was very _____ in answering.

그는 재빨리 대답했다.

정답

연습문제 41 1.Keep 2.sleep 3.cheered 4.queer 5.steered

연습문제 42 1.concert 2.Insert 3.dessert 4.deserted 5.alert

1. These small companies were _____ into a large company.

그 작은 회사들이 합병되어 하나의 큰 회사가 되었다.

2. The full moon will soon _____ from behind the clouds.

보름달이 곧 구름 뒤에서 나타날 것이다.

3. The Middle East is on the _____ of war.

중동지역은 전쟁에 직면해 있다.

4. The opposite of _____ is 'join'

'나뉘다'의 반대는 '결합하다'이다.

5. He installed a heating _____ in a house.

그는 집에 난방장치를 설치했다.

1. She is _____ of his honesty.

그녀는 그의 정직함을 확신하고 있다.

2. Time and ____ wait for no man.

세월은 사람을 기다리지 않는다.

3. My sister will be _____ next spring.

누나는 내년 봄에 신부가 된다.

4. _____ means to walk with long steps.

'스트라이드'는 성큼성큼 걷는 것을 뜻한다.

5. Tom _____ that he would be a pilot.

탐은 파일럿이 되겠다고 결심했다.

정답

연습문제 43 1.merged 2.emerge 3.verge 4.diverge 5.system
연습문제 44 1.convinced 2.tide 3.bride 4.Stride 5.decided

1. I will keep your _____ in mind.

   네 충고를 명심하겠다.

2. Safety belts are a safety _____ .

   안전띠는 하나의 안전 장치다.

3. My only _____ is eating too much chocolate.

   내 유일한 결점은 초콜릿을 너무 많이 먹는 것이다.

4. The couple was _____ after their misunderstanding.

   그 부부는 오해를 풀고 화해했다.

5. This vase is very _____ .

   이 꽃병은 아주 깨지기 쉽다.

1. He was _____ 100 dollars for a parking fine.

   그는 주차 위반으로 100달러의 벌금에 처해졌다.

2. They were mining a gold _____.

   그들은 금광을 채굴하고 있었다.

3. Everything _____ to make me do that.

   여러 가지 일이 겹쳐서 나는 그렇게 하지 않을 수 없었다.

4. The boundaries between countries are clearly _____ .

   나라와 나라 사이에는 경계선이 확실히 정해져 있다.

5. He has _____ in health.

   그는 건강이 쇠약해졌다.

정답

연습문제 45 1.advice 2.device 3.vice 4.reconciled 5.fragile
연습문제 46 1.fined 2.mine 3.combined 4.defined 5.declined

1. The poor princess is locked in a ＿＿＿.

   그 불쌍한 공주는 첨탑에 갇혀 있었다.

2. All men ＿＿＿ happiness.

   모든 사람은 행복을 원한다.

3. He wrote the ＿＿＿ story in only four weeks.

   그는 그 전체 이야기를 단지 4주 동안에 썼다.

4. 'Ready-made Life' is one of the greatest ＿＿＿,

   '레디메이드 인생'은 훌륭한 풍자소설 중의 하나이다.

5. Accidents ＿＿＿ from carelessness.

   사고는 부주의에서 일어난다.

1. His face was tense with ＿＿＿＿＿ .

   그의 얼굴은 흥분으로 긴장해 있었다.

2. The ＿＿＿ States allied with Britain.

   미국은 영국과 동맹을 맺었다.

3. ＿＿＿ the bombing, the house was still intact.

   폭발에도 불구하고 그 집은 끄떡 없었다.

4. The brown's ＿＿＿ me to dine with them.

   브라운씨 가족은 같이 식사하자고 나를 초대했다.

5. Let me know by wire when you will ＿＿＿ here.

   당신이 언제 도착할지 전보로 알려 주세요.

정답

연습문제 47 1.spire 2.desire 3.entire 4.satires 5.arise

연습문제 48 1.excitement 2.United 3.Despite 4.invited 5.arrive

1. These animals live in the _____ zone.

   이 동물들은 열대지역에 살고 있다.

2. The patient is in a _____ state.

   그 환자는 위독한 상태이다.

3. Our mind is strengthened by contact with _____ minds.

   우리의 정신은 역동적인 정신과의 접촉으로 강화된다.

4. There was a certain _____ in his voice.

   그의 목소리에 어떠한 공포가 느껴졌다.

5. It is a cap with _____ pads.

   그것은 탄력성 있는 패드를 가진 모자이다.

1. I have got a ____ neck.

   목이 뻣뻣해져 잘 돌려지지 않는다.

2. The dog _____ at the stranger.

   개는 낯선 사람의 냄새를 맡았다.

3. The students _____ a new club.

   학생들은 새로운 동아리를 조직했다.

4. I must _____ to you for my rudeness.

   제가 무례하게 대한 점을 사과드립니다.

5. This machine has been _____ until now.

   이 기계는 지금까지 계속 사용되고 있다.

정답

연습문제 49 1.tropical 2.critical 3.dynamic 4.panic 5.elastic
연습문제 50 1.stiff 2.sniffed 3.organized 4.apologize 5.utilized

1. The dog ＿＿ his hand.

   그 개는 그의 손을 핥았다.

2. My grandfather walks with a ＿＿＿.

   할아버지는 지팡이를 짚고 다니신다.

3. He ＿＿＿ me out of the money.

   그는 속임수로 나의 돈을 빼앗았다.

4. ＿＿＿ness is one of the human weakness.

   이기심은 인간의 약점 중의 하나이다.

5. His figure ＿＿＿ in the crowd.

   그의 모습은 군중 속으로 사라졌다.

1. Many kinds of living things are ＿＿＿＿ from the earth.

   수많은 종류의 생물이 지구에서 사라졌다.

2. You must know how to ＿＿＿＿ right from wrong.

   너는 옳은 것과 잘못된 것을 분별하는 방법을 알아야 한다.

3. The fire was soon ＿＿＿＿ .

   불은 곧 진화되었다.

4. The plant ＿＿＿＿ in good soil.

   비옥한 땅에서는 식물이 무성하게 자란다.

5. The movie was full of ＿＿＿.

   그 영화는 스릴이 넘쳤다.

정답

연습문제 51 1.licked 2.stick 3.tricked 4.Selfish 5.vanished

연습문제 52 1.perished 2.distinguish 3.extinguished 4.flourishes 5.thrills

1. He wanted to _____ the tribe.

   그는 그 부족을 문명화시키기를 원했다.

2. He is _____ the hedge.

   그는 울타리를 손질하고 있다.

3. Father looked _____ hearing the news.

   아버지는 그 소식을 듣고 무서운 얼굴을 하셨다.

4. Don't read in _____ light.

   침침한 곳에서 책을 읽지 마라.

5. It is _____ to tell a lie.

   거짓말을 하는 것은 죄악이다.

1. She is always _____ with her friends.

   그녀는 늘 그녀의 친구들과 수다를 떤다.

2. My father went on business _____.

   아버지께서는 출장을 가셨다.

3. The farmer _____ the bark from tree.

   그 농부는 나무의 껍질을 벗겼다.

4. No _____ were there at that time.

   당시에는 그 곳에 거주자가 아무도 없었다.

5. Smoking is a bad _____.

   흡연은 나쁜 습관이다.

정답

연습문제 53 1.civilize 2.trimming 3.grim 4.dim 5.sin
연습문제 54 1.gossiping 2.trip 3.stripped 4.inhabitants 5.habit

1. It will bring immense _____.

그것은 막대한 이익을 가져올 것이다.

2. The sun _____ light and heat.

태양은 빛과 열을 발산한다.

3. Betty _____ a word while she was reading aloud.

베티는 소리내서 책을 읽을 때 한 낱말을 빠뜨렸다.

4. If the weather _____, we shall start.

날씨가 허락하면 출발하겠다.

5. _____ people spit on the street.

때때로 사람들은 길에 침을 뱉는다.

1. She is a TV _____.

그녀는 TV 중독자이다.

2. His testimony _____ with yours.

그의 증언은 자네와 모순된다네.

3. We are _____ to 30 miles per hour in residential areas.

주거지역에서는 시속 30마일로 속도가 제한 된다.

4. They were _____ of murder.

그들은 살인죄로 유죄판결을 받았다.

5. The paintings _____ moves of Taekwondo.

그 그림들은 태권도의 동작을 묘사하고 있다.

정답

연습문제 55 1.profits 2.emits 3.omitted 4.permits 5.Sometimes
연습문제 56 1.addict 2.conflicts 3.restricted 4.convicted 5.depict

1. The sun gives us ＿＿ and heat.

   태양은 우리에게 빛과 열을 준다.

2. Work with all your ＿＿.

   전력을 다해 일해라.

3. My father has good ＿＿.

   아버지는 시력이 좋으시다.

4. A ＿＿ from San Francisco to Hawaii takes six hours.

   샌프란시스코에서 하와이까지 비행기로 6시간 걸린다.

5. These shoes are too ＿＿ for me.

   이 구두는 내게 너무 꽉 낀다.

1. His speech was ＿＿ but very interesting.

   그의 이야기는 짧지만 퍽 재미있었다.

2. The ＿＿ was caught at once.

   도둑은 즉시 잡혔다.

3. I don't have much ＿＿ in ghosts.

   나는 유령이 있다고 별로 믿지 않는다.

4. Mary devoted herself to the ＿＿ of the poor.

   메리는 가난한 사람의 구제에 헌신했다.

5. This field is too sterile to ＿＿ anything.

   이 땅은 너무 척박해서 아무 것도 재배할 수 없다.

정답

연습문제 57 1.light 2.might 3.sight 4.flight 5.tight

연습문제 58 1.brief 2.thief 3.belief 4.relief 5.yield

1. There was a ___ of people gathered near the ice cream.

   아이스크림 행상 옆에 한 때의 군중이 모여 있었다.

2. A young man _____ the lady of her bag.

   한 청년이 그 부인의 손가방을 강탈했다.

3. A young girl's _____ voice was heard.

   젊은 처녀의 흐느껴 우는 소리가 들렸다.

4. He was so _____ that everyone got angry with him.

   그는 몹시 뻔뻔스러워 모두 그에게 화를 냈다.

5. Bill _____ the letter into four sections.

   빌은 편지를 네 쪽으로 접었다.

1. When the singer comes out on the stage, the audience _____ him.

   가수가 무대에 나타나자 청중은 그를 조롱했다.

2. Mother _____ the baby to sleep.

   어머니는 아기를 흔들어 재운다.

3. We felt the _____ from an earthquake last night.

   간밤의 지진으로 인한 몇 번의 진동을 느꼈다.

4. Go two _____ along this road.

   이 길을 따라 두 블록을 가시오.

5. He is a man of _____.

   그는 정열적인 사람이다.

정답

연습문제 59 1.mob   2.robbed   3.sobbing   4.bold   5.folded
연습문제 60 1.mocked   2.rocks   3.shocks   4.blocks   5.passion

1. She is an _____ actress.

   그녀는 감정 표현을 잘 하는 배우이다.

2. Wealth is often in inverse _____ to their happiness.

   부는 종종 행복에 반비례한다.

3. Don't abuse your _____ .

   당신의 지위를 남용하지 마시오.

4. His financial _____ is poor.

   그의 재정 상황은 좋지 않다.

5. The boy embarrassed his mother with _____.

   그 소년은 질문으로 자기 어머니를 당황하게 했다.

1. A lot of stones _____ down the mountain side.

   많은 돌들이 산허리로 굴러 내렸다.

2. A _____ is tax charged for crossing or using a certain road.

   '톨'은 길을 건너가거나 사용하는 데 부과 되는 세금을 말한다.

3. I went for a _____ after dinner.

   나는 저녁을 먹은 뒤 산책하러 나갔다.

4. My mother _____ up a cabbage.

   어머니는 양배추를 잘게 써셨다.

5. Potatoes are the main _____ in this region.

   감자는 이 지방의 주요 농산물이다.

정답

연습문제 61 1.emotional 2.proportion 3.position 4.condition 5.question

연습문제 62 1.rolled 2.toll 3.stroll 4.chopped 5.crop

1. _____ means a devil or an evil spirit.

'데몬'은 '악마' 혹은 '악령'을 말한다.

2. He treated me to a _____.

그는 내게 잔소리를 했다.

3. He was _____ to appear in court.

그는 법정 출두를 명령받았다.

4. He had to _____ his plan.

그는 그의 계획을 포기하여야만 했다.

5. Three _____ were killed in the crash.

그 충돌로 세 사람이 죽었다.

1. He earns his crust by his _____.

그는 노동으로 생활비를 벌어들인다(먹고 산다).

2. How vain are earthly _____?

지상의 영화란 얼마나 헛된 것인가?

3. We are to inspect the _____ parts for the island.

우리는 섬의 내부지역을 시찰할 예정이다.

4. We need to _____ the financial transaction.

우리는 재정적 거래를 감시할 필요가 있다.

5. My _____ subject is music.

내가 좋아하는 과목은 음악이다.

정답

연습문제 63 1.Demon 2.sermon 3.summoned 4.abandon 5.persons
연습문제 64 1.labor 2.splendors 3.interior 4.monitor 5.favorite

1. Driving while drunk is a _____ offence.

음주운전은 중대한 범죄이다.

2. Many people take _____ photos while traveling.

많은 사람들은 여행하는 동안 수많은 사진들을 찍는다.

3. American culture in general appears _____ of leisure.

일반적으로 미국 문화에서는 여가 시간에 의구심을 가진다.

4. She stopped for _____ly scanned the river before her.

그녀는 멈추고 걱정스러운 듯이 앞쪽에 있는 강물을 쳐다보았다.

5. _____ly, this sort of freedom can be abused.

분명히, 이런 종류의 자유는 남용될 수 있다.

실력을 올리는 **연습문제** 66

1. Some small islands _____ the blue sea.

몇 개의 작은 섬이 푸른 바다 위에 점점이 떠 있다.

2. You can grow this flower in a _____.

이 꽃은 화분에서 기를 수 있다.

3. Water standing in the fields ____ young plants.

들에 고인 물은 어린 식물을 썩힌다.

4. In a calm sea every man is a _____.

잔잔한 바다에서는 누구나 수로 안내인 이다.

5. Nature had _____ her wit and intelligence.

하늘은 그녀에게 기지와 지성을 주었다.

정답

연습문제 65 1.serious 2.numerous 3.suspicious 4.anxious 5.Obvious

연습문제 66 1.dotted 2.pot 3.rots 4.pilot 5.endowed

1. Tom's school work is _____ average.

  탐의 학업 성적은 평균 이하이다.

2. Jack was kind to his _____ workers.

  잭은 함께 일하는 동료들에게 친절하였다.

3. A _____ is a great wave.

  '빌로우'는 '큰 파도'를 말한다.

4. There is a big _____ tree in the forest.

  숲에는 속이 빈 큰 나무가 있다.

5. May I _____ your dictionary?

  사전을 좀 빌려 주시겠습니까?

1. I was _____ with smoke.

  나는 연기 때문에 숨이 막혔다.

2. He killed the snake with one _____ of his stick.

  그는 지팡이로 한 번 때려서 뱀을 죽였다.

3. I _____ spirits from the other world.

  나는 저승에서 영혼을 불러낸다.

4. Don't _____ or tease the animal in the cage.

  우리 속에 있는 동물을 성나게 하거나 괴롭히지 마라.

5. They heard lions _____ in the distance.

  그들은 사자가 멀리서 으르렁거리는 소리를 들었다.

정답

연습문제 67 1.below 2.fellow 3.billow 4.hollow 5.borrow

연습문제 68 1.choked 2.stroke 3.evoke 4.provoke 5.roar

1. The company sent the message in _____.

   그 회사는 암호로 통신을 보냈다.

2. Switch the camera into the automatic _____.

   카메라를 자동 모드로 맞춰라.

3. You are most welcome to my humble _____.

   누추한 제 집에 오신 것을 진심으로 환영합니다.

4. The bomb _____ and killed him.

   폭탄이 폭발하여 그는 죽었다.

5. He told an _____ in the war.

   그는 한 전쟁의 일화를 말해 주었다.

1. These animals live in the tropical _____.

   이 동물들은 열대지역에 살고 있다.

2. You have to stay home _____ all day.

   너는 온종일 혼자 집에 있어야 한다.

3. The meeting was _____ until the following day.

   모임은 다음날까지 연기되었다.

4. Country life is _____ compared with city life.

   시골생활은 도시생활에 비해 단조롭다.

5. Please _____ me tomorrow morning.

   내일 아침 내게 전화주세요.

정답

연습문제 69 1.code 2.mode 3.abode 4.exploded 5.episode
연습문제 70 1.zone 2.alone 3.postponed 4.monotonous 5.telephone

1. He always grasps the _____ of the subject.

   그는 언제나 문제의 핵심을 정확하게 파악한다.

2. I have a _____ throat.

   나는 목이 아프다.

3. He is proud of his _____ in the exam.

   그는 시험에서 받은 점수를 자랑스럽게 생각한다.

4. The driver _____ the speed limit.

   그 운전기사는 제한 속도를 무시했다.

5. He _____ the uninhabited island.

   그는 무인도를 탐험했다.

1. I was _____ to do so.

   나는 하는 수 없이 그렇게 했다.

2. Government makes laws and the police _____ them.

   정부는 법을 만들고 경찰이 법을 시행한다.

3. The troops _____ the fort for battle.

   그 부대는 전투에 대비하여 요새를 강화했다.

4. Her health is gradually _____ .

   그녀의 건강은 점차 좋아지고 있다.

5. The mother _____ her child for disobedience.

   말을 듣지 않는다고 어머니가 자식을 꾸짖었다.

정답

연습문제 71 1.core 2.sore 3.score 4.ignored 5.explored
연습문제 72 1.forced 2.enforce 3.reinforced 4.improving 5.reproved

1. He makes his deeds _____ to the customs.

   그는 관습에 따라 행동한다.

2. She gave him a look of _____.

   그녀는 경멸에 찬 눈으로 그를 보았다.

3. The girl is a _____ child.

   이 소녀는 의지할 곳이 없는 아이다.

4. He is _____ about doing everything himself.

   그는 모든 일을 제멋대로 하려고 고집 한다.

5. Let's try _____ we may fail.

   실패할지 모르지만, 시도해 보자.

1. In this life we get nothing save by _____.

   이 세상에서 우리는 노력하지 않고는 아무 것도 얻을 수 없다.

2. The country has to _____ most of its raw materials.

   그 나라는 대부분의 원자재를 수입해야 한다.

3. Korea _____ a great number of cars every year.

   한국은 매년 많은 자동차를 수출한다.

4. May I have your _____?

   여권을 보여주시겠습니까?

5. This place is famous as a hot spring _____.

   이 곳은 온천 휴양지로 유명하다.

정답

연습문제 73 1.conform   2.scorn   3.forlorn   4.stubborn   5.though
연습문제 74 1.effort   2.import   3.exports   4.passport   5.resort

244

1. How do you _____ this word?

   이 단어는 어떻게 발음합니까?

2. They _____ the winner.

   그들은 승자를 발표했다.

3. He was _____ as a coward.

   그는 비겁한 사람이라고 비난받았다.

4. The people _____ him king.

   국민들은 그를 왕위에 앉혔다.

5. He was _____ in the river.

   그는 강에 빠져 죽었다.

1. She _____ her son's name.

   그녀는 아들의 이름을 큰 소리로 불렀다.

2. She became _____ as she grew older.

   그녀는 나이가 들면서 뚱뚱해졌다.

3. The lava could be seen _____ out of the volcano.

   용암이 화산에서 분출하는 것이 보였다.

4. I am _____ about the weather on Sunday.

   일요일에는 날씨가 어떨지 모르겠다.

5. The _____ were damaged in transit.

   상품들이 운반 도중에 손상되었다.

정답

연습문제 75 1.pronounce 2.announced 3.denounced 4.crowned 5.drowned
연습문제 76 1.shouted 2.stout 3.spouting 4.doubtful 5.goods

1. The fire was _____ extinguished.

불은 곧 진화되었다.

2. Students often find _____ jobs during their summer vacation.

학생들은 종종 여름방학에 임시직을 구한다.

3. A ship traveling through rough seas lost 12 _____ containers.

거친 바다를 여행하던 배가 12개의 화물 컨테이너를 잃어버렸다.

4. The patient has to _____ more surgery.

그 환자는 수술을 몇 번 더 해야 합니다.

5. The music _____ing from Shain Park stirred memories of a simpler time.

Shain공원에서 울려 퍼지는 음악은 더 소박했던 시절의 기억들을 불러 일으켰다.

1. He _____ to put on his shoes.

그는 신발을 신으려고 머리를 구부렸다.

2. We watched a _____ of boys marching down the street.

우리는 한 무리의 소년들이 거리를 행진 하고 있는 것을 보았다.

3. Our _____ is on campus.

우리 기숙사는 대학 구내에 있다.

4. This Meeting is to be held on neutral _____.

이 회담은 중립지역에서 개최된다.

5. Continents are huge islands _____ in the ocean.

대륙들은 대양에 떠 있는 거대한 섬들이다.

정답

연습문제 77 1.soon 2.temporary 3.cargo 4.undergo 5.echo
연습문제 78 1.stooped 2.troop 3.dormitory 4.territory 5.floating

1. Your ＿＿ is the sounds that come from your mouth when you speak.

　목소리는 말을 할 때, 입에서 나오는 소리를 말한다.

2. Be careful in your ＿＿＿ of books.

　주의해서 책을 선택하여라.

3. Our country ＿＿＿ the UN in 1991.

　우리나라는 1991년에 UN에 가입했다.

4. Our team won by six ＿＿＿ .

　우리 팀은 6점차로 이겼다.

5. He was ＿＿＿＿ to be governor.

　그는 주지사로 임명되었다.

1. With so many people unemployed, my father was ＿＿＿ to have a job.

　많은 사람들이 실직했는데도, 아버지는 운 좋게 직업을 가졌다.

2. The knife is ＿＿＿.

　그 칼은 무뎠다.

3. He deposited the ＿＿＿ of 500 dollars in the bank.

　그는 은행에 500달러를 예금했다.

4. The ＿＿＿ of New York are well known to us.

　뉴욕의 빈민가는 우리에게 잘 알려져 있다.

5. I feel ＿＿＿ed with warmth.

　나는 따뜻해서 얼굴이 상기되었다.

정답

연습문제 79 1.voice　2.choice　3.joined　4.points　5.appointed

연습문제 80 1.lucky　2.dull　3.sum　4.slums　5.flush

1. I cleaned my ＿＿ with a brush.

    나는 솔로 양복을 손질했다.

2. The truck ＿＿＿＿＿ into the car in front.

    트럭이 앞차와 충돌했다.

3. They ＿＿＿＿ garbage into the river.

    그들은 쓰레기를 강에 내버렸다.

4. The soldiers returned home in ＿＿＿＿.

    병사들은 의기양양하여 고국으로 돌아왔다.

5. The student was ＿＿＿＿ by the difficult question.

    그 학생은 어려운 문제 때문에 쩔쩔맸다.

1. It was so ＿＿＿＿ to evaluate the value of the ancient books.

    그 고서적들의 가치를 평가하는 것은 너무 어려웠다.

2. They treat the children as ＿＿＿＿ .

    그들은 아이를 어른처럼 대한다.

3. We often ＿＿＿＿ the dictionary for pronunciation.

    우리는 자주 사전에서 발음을 찾아본다.

4. The ＿＿＿＿ of the experiment was satisfactory.

    실험 결과는 만족스러웠다.

5. I have ＿＿＿ finished my homework.

    나는 방금 숙제를 끝마쳤다.

정답

연습문제 81 1.suit 2.bumped 3.dumped 4.triumph 5.stumped
연습문제 82 1.difficult 2.adults 3.consult 4.result 5.just

1. He was the supreme ____r.

   그는 최고의 지배자였다.

2. Bass is a musical instrument that _____s very low notes.

   베이스는 낮은 소리를 내는 악기이다.

3. A _____ of water consists of hydrogen and oxygen.

   물의 분자는 수소와 산소로 구성되어 있다.

4. He became an object of _____ .

   그는 비웃음의 대상이 되었다.

5. You must not _____ him into believing it.

   그를 속여 그것을 믿게 해서는 안 된다.

1. That is a ____ account of what happened.

   그것이 일어난 사건의 정확한 기술이다.

2. The detective found a ____ linked to the theft of the bracelet.

   형사는 팔찌 도난과 관련된 단서를 찾았다.

3. We had very heated arguments over the ____ .

   우리는 그 문제에 대하여 한 바탕 입씨름을 벌였다.

4. Patience and kindness are _____ .

   인내와 친절은 미덕이다.

5. I got only a ____ reply.

   나는 막연한 답을 얻었을 뿐이었다.

정답

연습문제 83 1.rule 2.produce 3.molecule 4.ridicule 5.delude

연습문제 84 1.true 2.clue 3.issue 4.virtues 5.vague

1. The _____ from the back of the car was very strong.

차 뒤에서 나는 연기는 지독했다.

2. _____ is used as ornament of feather.

깃털은 깃털장식으로 사용된다.

3. This room is _____ with smell of flower.

이 방에서 꽃 향기가 난다.

4. That work has not yet been _____.

그 일은 다시 시작되지 않았다.

5. The dressmaker _____ her for a dress.

양재사는 그녀의 옷을 만들기 위해 치수를 쟀다.

1. Reserve your strength for the _____.

미래를 위해 힘을 아껴라.

2. Continents are _____ islands floating in the ocean.

대륙들은 대양에 떠 있는 거대한 섬들이다.

3. Every children need to feel loved and _____.

모든 아이들은 사랑 받고 자라나야 한다.

4. They were looking for hidden _____.

그들은 숨겨진 보물을 찾고 있었다.

5. Read this book at your _____.

틈날 때 이 책을 읽도록 해라.

정답

연습문제 85 1.fume 2.Plume 3.perfumed 4.resumed 5.measured

연습문제 86 1.future 2.huge 3.nurtured 4.treasure 5.leisure

1. She sat _____ for hours.

   그녀는 몇 시간 째 명상에 잠겨 앉아 있다.

2. Don't _____ your position.

   당신의 지위를 남용하지 마시오.

3. He _____ me of making a mistake.

   그는 내 잘못을 비난했다.

4. I will _____ myself for my forgetfulness.

   나의 건망증에 대해서 사과 드리겠습니다.

5. She _____ our invitation.

   그녀는 우리 초대를 거절했다.

1. She was too ___ to speak to him.

   그녀는 너무 수줍어서 그에게 말을 걸 수 없었다.

2. He is really ___ and greedy.

   그는 정말 교활하고 탐욕스럽다.

3. A little child was _____ for toys.

   어린아이가 장난감을 달라고 울고 있었다.

4. Let's _____ for the job.

   그 일에 지원합시다.

5. They didn't _____ with all our requests.

   그들은 우리의 요구를 전부 동의하지는 않았다.

정답

연습문제 87 1.musing 2.abuse 3.accused 4.excuse 5.refused
연습문제 88 1.shy 2.sly 3.crying 4.apply 5.comply

1. This group is comprised of ten _____s.

   이 그룹은 10명의 회원으로 구성된다.

2. We must _____ the human relations aspect.

   우리는 인간 관계의 측면을 고려해야 한다.

3. Hunger compelled him to _____.

   그는 허기가 져서 항복하지 않을 수 없었다.

4. Rove means roam, _____.

   '로우브'는 '배회하다, 헤매다'를 뜻한다.

5. Have you _____ taking night classes to train for another kind of job?

   다른 종류의 직업 훈련을 위해 야간 학교를 다니는 것을 고려해 본 적이 있습니까?

1. We canceled an _____ for the book.

   우리는 그 책의 주문을 취소했다.

2. He is afflicted with an optical _____.

   그는 눈병에 시달리고 있다.

3. He _____ to your name

   그는 당신의 이름을 언급했다.

4. I _____ beer to wine.

   나는 포도주보다 맥주를 더 좋아한다.

5. My uncle _____ me a job.

   나의 삼촌은 나에게 일자리를 제안했다.

정답

연습문제 89 1.member 2.consider 3.surrender 4.wander 5.considered
연습문제 90 1.order 2.disorder 3.referred 4.prefer 5.offered

1. He stared at me in a hostile _____.

   그는 적대하는 태도로 나를 응시했다.

2. Our blood stays the same _____.

   우리의 피는 똑같은 성질로 유지된다.

3. The _____ opposed giving military aid.

   그 장관은 군사 원조를 보내는 것에 반대 했다.

4. We have to keep a constant _____ature.

   우리는 온도를 일정하게 유지하지 않으면 안 된다.

5. Insert the _____ words in the blanks.

   빈 곳에 알맞은 단어를 넣으시오.

1. He beguiled me with _____y.

   그는 감언이설로 나를 현혹시켰다.

2. He submitted the report on the _____ to the committee.

   그는 위원회에 그 문제에 관한 보고서를 제출했다.

3. I found fragments of ancient _____y.

   나는 아주 오래된 도자기 조각을 찾았다.

4. America was _____ed by Columbus.

   아메리카는 콜럼버스에 의해 발견되었다.

5. The _____y contributed much to the welfare of public humanity.

   그 발견은 인류 복지에 큰 공헌을 했다.

정답

연습문제 91 1.manner 2.temper 3.minister 4.temper 5.proper
연습문제 92 1.flatter 2.matter 3.potter 4.discover 5.discover

1. Plume is used as ornament of _____.

   깃털은 깃털장식으로 사용된다.

2. There was a mob of people _____ed near the ice cream.

   아이스크림 행상 옆에 한 때의 군중이 모여 있었다.

3. Witches used their magic _____ to do evil.

   마녀들은 그들의 마력을 나쁜 일에 사용하였다.

4. He was restored to _____ two weeks later.

   그는 2주 후 건강을 회복했다.

5. Plums are purple fruit with _____ skin.

   서양 자두는 매끈매끈한 껍질에 자주 빛을 띤 과일이다.

1. An aristocrat is a person of _____ birth.

   귀족이란 고귀한 집안에서 태어난 사람을 말한다.

2. My hobby is to _____ plastic model.

   나의 취미는 플라스틱 모형을 조립하는 것이다.

3. He _____ his father.

   그는 아버지를 닮았다.

4. The textbook might _____ you to increase your knowledge.

   교과서는 당신으로 하여금 지식을 증대시킬 수 있도록 해줄지 모른다.

5. What's the source of _____?

   그 문제의 원인이 무엇이냐?

정답
연습문제 93 1.feather 2.gather 3.power 4.health 5.smooth
연습문제 94 1.noble 2.assemble 3.resembles 4.enable 5.trouble

1. High above us, the hawk soared in _____.

   우리 위로 높이, 그 매는 원을 그리며 날고 있었다.

2. A _____ accident changed my life.

   무시무시한 한 번의 사고가 나의 삶을 바꾸어 놓았다.

3. Many people participated in the _____ race.

   많은 사람들이 장애물 경주에 참가했다.

4. It seems almost _____ that they should live so long.

   그들이 그렇게 오래 산다는 것은 거의 믿을 수 없을 정도인 것처럼 보인다.

5. Be as specific as _____.

   가능한 한 구체적으로 하라.

1. In the United States, paper products are the ____ largest component of waste.

   미국에서 종이 제품은 쓰레기 중 가장 큰 비율을 차지한다.

2. We witness their _____s, triumphs and failures.

   우리는 그들의 투쟁과 승리와 실패를 목격한다.

3. There was a _____ of notes in her desk.

   그녀의 책상에 노트 한 묶음이 있었다.

4. An _____ is one of the bravest birds.

   독수리는 가장 용감한 새 중의 하나이다.

5. He broke his _____.

   그는 발목이 부러졌습니다.

정답

연습문제 95 1.circles 2.terrible 3.obstacle 4.incredible 5.possible
연습문제 96 1.single 2.struggle 3.bundle 4.eagle 5.ankle

1. He has extracted some _____s from the grammar book.

그는 그 문법책에서 몇몇 용례를 인용했다.

2. Many _____ descended the mountain.

많은 사람이 산을 내려갔다.

3. He was steadfast to his _____s.

그는 끝까지 그의 원칙으로 일관했다.

4. The _____ was reconciled after their misunderstanding.

그 부부는 오해를 풀고 화해했다.

5. The troops reinforced the fort for _____.

그 부대는 전투에 대비하여 요새를 강화했다.

1. The soldiers repelled the enemy from the _____.

병사들은 성에서 적을 격퇴시켰다.

2. There is _____ discount.

이것은 수량 할인(대량 구매 할인)이 있다.

3. Have you learned about the law of _____?

너는 중력의 법칙을 배운 적이 있니?

4. I am a crisis of _____.

나는 정체성의 위기이다.

5. Man knows his true friends only in _____.

역경에 처했을 때만 진실한 친구를 알 수 있다.

정답

연습문제 97 1.example 2.people 3.principle 4.couple 5.battle
연습문제 98 1.castle 2.quantity 3.gravity 4.identity 5.adversity

1. My _____ is collecting stamps.

   나의 취미는 우표를 수집하는 것이다.

2. The _____ posed a threat to jobs in the coal industry.

   그 정책은 석탄 산업의 일자리에 위협이 되었다.

3. This has a _____ to lower the barriers separating him from others.

   이것은 그를 다른 사람들로부터 분리하는 장애를 낮추는 경향이 있다.

4. Our _____ went bankrupt last year.

   우리 회사는 작년에 파산했다.

5. A crumb is a _____ piece of bread or cake.

   '크럼'은 '빵이나 케이크의 작은 부스러기'이다.

1. There was a boom in the leisure _____.

   여가 산업의 붐이 있었다.

2. We continued to assert that he was _____.

   우리는 그가 유죄라고 계속 주장했다.

3. The items are exempt from customs _____.

   그 항목들은 관세가 면제된다.

4. The Joseon _____ was founded in 1392.

   조선 왕조는 1392년에 세워졌다.

5. She had sometimes allowed the _____ to pile up.

   그녀는 가끔은 세탁물이 쌓이도록 내버려 두었다.

정답

연습문제 99 1.hobby 2.policy 3.tendency 4.company 5.tiny
연습문제 100 1.industry 2.guilty 3.duty 4.dynasty 5.laundry

100일 완성
초간단
수능 영단어
3000

저자 이희발

1판 1쇄 2017년 11월 25일 발행인 김인숙 발행처 (주)동인랑
책임편집 김인숙 표지 김미선 Printing 삼덕정판사

139-240
서울시 노원구 공릉동 653-5

대표전화 02-967-0700
팩시밀리 02-967-1555
출판등록 제 6-0406호
ISBN 978-89-7582-570-5

 © 2017, Donginrang Co., Ltd.

본 교재에 수록되어 있는 모든 내용과 사진, 삽화 등의 무단 전재·복제를 금합니다.

All right reserved. No part of this book or audio cassettes may be reproduced or transmitted
in any form or by any means, without permission in writing from the publisher.

(주)동인랑에서는 참신한 외국어 원고를 모집합니다.